Los Secretos de la Prosperidad

Dios te ha hecho Mayordomo de las Riquezas de su Reino

Dra. Wanda Martinez-Fuster
de Gonzalez, M.B.A., M.S., B.A.

09/27/2014
Para los Pastores Vázquez
y la Iglesia Aposento Alto
en Grapevine, TX
Para que sirva de bendición
en el área económica.
Dios les bendiga
con Amor,
Dra. Wanda Martz

SEMBRADOR
PRESS

Los Secretos de la Prosperidad

Publicado por Sembrador Press
6820 West 115th Street
Bloomington, MN 55438

Diseño de portada de Dugan Design
Diseño de interior de Bethany Press
Impreso por la Bethany Press International

ISBN: 978-1-937239-01-5

Creo que nadie debe de hablar si no tiene el conocimiento y la gracia para hacerlo. La iglesia tiene que conocer los secretos para vivir en la bendición de la prosperidad. Este libro te pone herramientas y llaves para entrar en un Nuevo Nivel. Gracias Dra. Wanda Martinez de Gonzalez por vertir tus conocimientos y bendecirnos con este libro sobre prosperidad. Eres una bendición para el reino de Dios...

Del Pastor Ilder Hidalgo
Nuevo Pacto
Iglesia Jesus Rey de Reyes
Houston Texas

Los Secretos de La Prosperidad, llega a nuestros medios en un momento crucial en cuanto a finanzas se refiere. Todo lo que se escucha a nuestro alrededor es negativo y hasta alarmante, así que *Los Secretos de La Prosperidad* viene a ser como una lluvia fresca en medio de un verano ardiente. Lo que el lector encontrara en las páginas de *Los Secretos de la Prosperidad* lo llevara a comprender que todos, lo admitamos o no, somos mayordomos de lo que Dios nos ha encomendado, que Dios quiere y puede bendecir y prosperar lo que llegue a nuestras manos, que los planes de Dios para su pueblo son *"de bien y no de mal"* y que la Palabra de Dios nos da pautas para lograr esta mayordomía con éxito.

La autora de *Los Secretos de la Prosperidad* la Dra. Wanda Martínez ha combinado hábilmente las verdades de la infalible Palabra de Dios con su experiencia en el campo de la administración bancaria, dando a esta obra el toque necesario para que todo el que la lea y aplique logre ser un *"mayordomo bueno y fiel"* y gozar así de la prosperidad en todo el sentido de la palabra.

Es mi privilegio recomendar altamente *Los Secretos de la Prosperidad* a tóda persona que quiera superar en conocimiento y practica la verdadera prosperidad de acuerdo a la Palabra de Dios. Te felicito porque al haber invertido en la compra de este libro has dado señal de sabiduría y deseos de superación

Pastora Sarita Rico
Familia Bethel Internacional, Inc.
Dallas, Texas

Contenido

Prologo

Se me ha pedido que haga el prólogo de este libro llamado: "Los Secretos de la Prosperidad". Su autora, mi amiga la Doctora Wanda Martínez posee los siguientes títulos: Dr. M., M.B.A.,M.S.,B.A. Lo que la capacita para hacer un extraordinario análisis sobre lo que dice la Biblia y lo que se practica en ese vasto mundo de las finanzas.

Este libro es una herramienta refrescante para ofrecerle a los ministerios y a muchas otras diferentes personas, la oportunidad de conocer en detalle los mercados financieros, el conocimiento que nos da la Biblia sobre las finanzas y su manejo para ayudar a las personas a entender estos procesos.

En sus ocho capítulos nos hace una contribución única sobre la manera agil y amena de aprender sobre los principios financieros del mundo y lo que Dios nos ha dejado como herencia para ser los administradores de las riquezas y la abundancia que El nos suple.

La contribución fabulosa de este libro será la maravillosa e importante información que nosotros podemos usar de la Biblia como un manual de prosperidad ya que son temas analizados a su luz, para obtener las brillantes respuestas fundamentadas a través de la Palabra de Dios y en acuerdo a la voluntad de Dios, expresada en la Biblia.

Este libro puede ser un manual para prosperar ya que es dictado por una persona con una gran experiencia, pues ella fue Vicepresidente de Inversiones de uno de los Bancos más importantes de Puerto Rico y en esto nos puede brindar excelentes herramientas para capturar riquezas para el Reino de Dios.

Todos los temas aquí tratados podrían ser usados por cualquier persona, Ministros, laicos, estudiantes, amas de casa y por cualquier persona. Que esté interesada en salir de la pobreza o en mejorar su situación financiera.

Es interesante lo que nos habla sobre inversión y nos descubre una cantidad de secretos que son fácil de aplicar aun en personas de poca instrucción, que siguiéndolos al pie de la letra, no le garantizan la falta de riesgo, pero si, lo pueden guiar a la manera sabia sobre invertir y ganar.

También nos habla del ahorro y en esto trata sobre la diferencia entre lo que significa el ahorro y lo que significa la inversión. En este capítulo nos instruye sobre lo que son los activos financieros, además nos habla sobre lo que son los diversos tipos de inversiones y su manejo, advierte sobre el riesgo de los tipos de inversiones, nos guía sobre el manejo de un portfolio de inversiones, los tipos de estrategias pasivas y activas al invertir, también como se organizan los activos financieros, la Biblia es utilizada aquí para sustentar las conclusiones sobre porque ahorrar, invertir y ser prudentes.

Para culminar, quiero recomendar este libro pues además de lo anteriormente expuesto; en uno de sus capítulos nos comparte sobre la sabiduría para usar nuestro dinero cuando propone como analizar las costumbres y actitudes de las personas en la forma en que utilizan el dinero, además habla sobre porque se considera que la mujer tiene las características necesarias para ser una efectiva administradora del dinero, y del manejo de las finanzas familiares. Recomienda seguir utilizando los principios bíblicos para sustentar las teorías propuestas.

CARLOS JIMENEZ

Presidente Internacional de Ministerios Nuevo Pacto.
Licenciado en Educación Cristiana.
Licenciado en Teología.
Master en Divinidades.
Doctor en Filosofía.

Introducción

Este libro es una herramienta para servir de guía y aliento a millones de familias que necesitan saber los detalles de cómo manejar un presupuesto familiar o personal. A través de mi experiencia como planificadora financiera y profesora de manejos de riesgo y seguros, tengo ciertos conocimientos técnicos en áreas de suma importancia para todo aquel que necesite hacer una planificación de sus finanzas y manejos de riesgo, todo lo que he sido y soy se lo debo a Dios padre todopoderoso, quien se ha placido de ponerme en esta posición de portavoz a familias y mujeres latinas que necesitan tener un manejo adecuado de sus finanzas y darles el apoyo de cómo mantenerse cerca de las reglas de sabiduría que nuestro padre celestial ha establecido a lo largo del tiempo. El haber añadido detalles técnicos sobre las inversiones del mundo y cómo estas pueden ayudarle a sacar ventaja financiera, es el complemento que viene de la **vida real,** de un **mundo material,** en el cual vivimos y el cual podría ser positivamente influenciado por personas cristianas que verdaderamente conozcan la palabra de Dios, sus leyes y su esencia de provisión, y abundancia en Cristo Jesús

Capítulo 1

Prudencia en el campo financiero

Si usted ha decidido tomar este libro en sus manos es posible que usted sea una de estas personas:

1- Una persona la cual quiera conocer un poco más sobre las finanzas del mundo y también sobre cómo seguir conociendo los principios que Dios nos ha dejado como reglas para obtener el éxito financiero.
2- Un hombre curioso que no cree que la mujer es capaz de tomar decisiones referentes a sus finanzas.
3- Una mujer que cree posible aprender la manera en que se debe de manejar un presupuesto y sus finanzas. Sea que usted se sienta identificado o no en una de las descripciones anteriores, permítame bendecirle y darle la bienvenida a un maravilloso viaje a través de las finanzas vistas a la luz de la Palabra de Dios. Comenzaremos examinando el tema de la prudencia como el primer elemento que debemos observar cuando entramos en el campo financiero.

La **prudencia** es una palabra que según su significado se refiere a la cualidad o el estado de ser prudente, sabiduría en la manera de precaución y provisión, discreción, cuidados, economía, frugalidad, juicio. Su sinónimo, estos nombres se refieren al ejercicio del buen juicio, sentido común, cuidado especialmente en la utilización de materias prácticas.

Economía, del latín (*oeconomĭa*) nombre en plural—*mías*, adjetivo, adverbio. Manejo cuidadoso en el consenso y expendio del dinero, materiales etc. El manejo de los recursos en una comunidad, nación etc., con una visión en su productividad; como adjetivo, el intento de ahorrar dinero, su origen entre el 1520-1530.

Las culturas en el mundo nos enseñan la manera en que ellas reaccionan a los insumos y las situaciones que experimentan día a día. Si una cultura tiene acceso limitado a los bienes de consumo tales como: los enseres eléctricos y los alimentos, siendo este último de primera necesidad, sus hábitos de consumo serán limitados a una cantidad realmente por debajo de las culturas en países en que el dinero y el crédito son más accesibles a los consumidores.

El enfoque de este estudio es usted y la manera en que utiliza sus recursos financieros de manera eficiente o ineficiente.

La eficiencia que usted tenga en el manejo de sus recursos hará la diferencia entre cuán próspera será su vida y la de sus dependientes. Usted y su familia merecen una vida digna y con ciertas comodidades.

Si usted está trabajando produce bienes económicos

Usted no debe perder de vista que el factor más importante en la obtención de bienes económicos es que usted pueda preservar su salud para poder continuar generando ingresos. La habilidad de generar ingresos es su mayor activo, porque usted tiene en sus manos una capacidad inigualable para generar el dinero del cuál usted y su familia disfrutaran a lo largo de una vida productiva, Dios le ayudará a preservar su salud si usted vive una vida en santidad.

> *34 "Por tanto, os ruego que comáis por vuestra salud ;pues ni aun un cabello de la cabeza de ninguno de vosotros perecerá" Hechos27:34 (RVR1960).*

Ejerciendo sabiduría, provisión y juicio podemos cumplir con el propósito del primer capítulo que habla sobre la prudencia en el campo financiero.

Cuando usted sea prudente utilizando su dinero estará ejerciendo los principios de la prudencia, ser sabio en la manera como gasta su dinero.

Ser juicioso en como decide invertir o mover su dinero. Ser previsor para los tiempos de las vacas flacas, en otras palabras cuando ya no tenga tanto dinero. Las Escrituras nos muestran

en varios capítulos, este concepto de la prudencia el cuál es expuesto como un requisito de Dios para estar dentro de su visión de que nosotros seamos buenos administradores de las bendiciones en la tierra.
Veamos en Ezequiel 7:12

> *"El tiempo ha venido, se acercó el día, el que compra, no se alegre, y el que vende, no llore, porque la ira está sobre toda la multitud"* *(RVR1960).*

El ser humano siempre se ha preocupado por la provisión

El hombre la ha tratado de conseguir la provisión de las cosas materiales por su propio esfuerzo y afán, pero llegará el momento en que deberá poner su mirada en la provisión que viene de Dios para nuestras vidas. Este principio bíblico nos ayuda a comprender el significado de la prudencia y del balance que debemos hacer en nuestras vidas. Respecto a poner nuestra confianza en Dios y su provisión y a no enfocarnos sólo en los bienes materiales. Cuando el ser humano se dedica mayormente a acrecentar sus riquezas materiales, pierde de vista su relación con Dios y su propia provisión, va incrementando su actitud de autosuficiencia y control personal. Por otro lado Dios siempre quiere que nosotros le demostremos que podemos confiar en él, que hemos puesto nuestra fe en él para suplir cada una de nuestras necesidades. Para cada uno de nuestros sueños y para el desarrollo de nuestros proyectos, Dios nos revela la provisión que recibiremos con nuestra fe para las necesidades básicas que tengamos. La prudencia nos enseña a guardar un balance en la manera que se gasta el dinero; sin embargo, Dios en Su palabra nos enseña que esto es algo de lo que él se ocupa y de lo cual no debemos tener afán.

> *Isaías 55:1 "A todos los sedientos: Venid a las aguas, y los que no tienen dinero, venid comprad y comed. Venid, comprad sin dinero y sin precio, vino y leche."* *(RVR1960).*

¿Cuántas veces estamos cortos de presupuesto y nos preocupamos de qué manera podemos cubrir nuestras necesidades y las de nuestra familia? Sin embargo, esos dolores o preocupaciones cesan cuando descansamos en la fe y caminamos en la voluntad de Dios usando la sabiduría para las decisiones de cada día.

"Porque raíz de todos los males es el amor al dinero, el cuál codiciando algunos, se extraviaron de la fe, y fueron traspasados de muchos dolores"

1 Timoteo 6:10 (RVR1960).

IMPRUDENCIA EN LA ADMINISTRACION

El que acostumbra sembrar será bendecido de manera especial, es una ley que Dios nos ha mostrado, cuando nos desprendemos de las cosas materiales dependemos automáticamente de la voluntad del Señor, que se desprendió de sí mismo y se dio al mundo para lavar nuestros pecados con su preciosa sangre, y nos bendijo con su sujeción a la voluntad de su padre y asi recuperaramos la autoridad que habíamos perdido frente a Satanás. En ese episodio en el cuál Jesús batalla con Satanás luego de su muerte y resurrección surge el retorno victorioso que nos devuelve la autoridad que Dios le había otorgado al ser humano para que reináramos en la tierra y tengamos todo lo necesario para vivir felices.

Pero el acto de desobediencia de Adán y Eva y el deseo de ser igual a Dios les llevó a no valorar la maravillosa vida que tenían en el paraíso en donde había todo lo necesario para una vida llena de alegría, provisión y Amor.

"Y poderoso es Dios para hacer que abunde en vosotros toda gracia, a fin de que, teniendo siempre en todas las cosas todo lo suficiente, abundéis para toda buena obra, repartió dio a los pobres, su justicia permanece para siempre"

2 Corintios 9:8-9 (RVR1960).

Adán y Eva abundaban en gracia en el paraíso, tenían lo suficiente en todo, pero al sucumbir ante la artimaña Satanás, artífice del engaño, perdieron su bienestar y la autoridad que tenían en la tierra. Aquí no hubo un acto de prudencia sino de imprudencia y de desconsideración hacia el Dios todopoderoso. Por aquella decisión perdieron todos los privilegios y la provisión que el Padre les daba de manera abundante. Su desobediencia les llevó a perder la provisión que Dios les había confiado de ser los administradores de todas las posesiones en la tierra.

Un administrador tiene posesiones a su cargo

Un administrador tiene posesiones a su cargo para manejarlas de manera prudente tal y como Dios nos ha enseñado. La imprudencia cometida en las vidas de Adán y Eva les llevó a perder su autoridad de administradores y fue conferida y traspasada a Satanás. Después que perdieron su autoridad legítima y legal debido a un acto de imprudencia y desobediencia, Satanás se adueñó de todas las riquezas de la tierra. En este primer capítulo estamos tratando de que usted comprenda que él primer paso para el éxito financiero es la prudencia en todas las áreas de la vida. Queremos ayudarle a entender que la codicia por el dinero y el poder es una trampa que Satanás nos presenta sutilmente a nuestras vidas. Que la codicia es un sentimiento malo que nos conduce al fracaso. La codicia se refiere al sentimiento de querer algo que no nos pertenece.

> *"¡Ay del que codicia injusta ganancia para su casa, para poner en alto su nido, para escaparse del poder del mal!"*
>
> *Habacuc 2:9 (RVR1960).*

La prudencia nos requiere ser personas conscientes de no desear lo que otros tienen, de no tener envidia de lo que otros alcanzan en el plano financiero, material o personal.

Dios es el artífice y proveedor

Dios es el artífice y proveedor de todas nuestras riquezas, Dios nos enseña a trabajar con esfuerzo, dedicación y entusiasmo por nuestros bienes. Pero más aún nos ha dejado claro que debemos tener un corazón lleno de nobleza y misericordia para que nuestras riquezas se multipliquen y veamos la magnificencia y el poder de Dios en nuestras vidas sin afanarnos y volvernos materialistas.

> *"No os afanéis, pues diciendo, Que comeremos, o que beberemos o que vestiremos ¿Porque los gentiles buscan todas estas cosas?, pero vuestro padre celestial sabe que tenéis necesidad de todas estas cosas. Mas buscad primeramente el reino de Dios y su justicia y todas estas cosas os serán añadidas. Así es que no os afanéis por el día de mañana, porque el día de mañana traerá su afán, basta a cada día su propio mal"*
>
> *Mateo 6:31-34 (RVR1960).*

Ser prudente es mucho más que gastar poco dinero

Ser prudente es mucho más que gastar poco dinero y ahorrar mucho, es reconocer que no podemos servirle al *señor dinero* porque aborreceremos a Dios. Cuando servimos a Dios todo lo demás vendrá por añadidura.

> *"Ninguno puede servir a dos señores porque o aborrecerá al uno y amará al otro, o estimará al uno y menospreciará al otro. No podéis servir a Dios y a las riquezas"*
>
> *Mateo 6:24 (RVR1960).*

Otro aspecto de la prudencia es saber donde debemos hacer nuestro tesoro. En la Tierra los ladrones minan y hurtan pero Dios en su palabra nos da una directriz para el éxito personal a que tengamos nuestro corazón cerca de Él.

> *"No os hagáis tesoros en la tierra, donde la polilla y el orín corrompen, y donde ladrones minan y hurtan, sino haceos tesoros en el Cielo, donde ni la polilla ni el orín corrompen, y donde ladrones no minan u hurtan, porque donde esté vuestro tesoro, allí estará también vuestro corazón"*
>
> *Mateo 6:19-21 (RVR1960).*

Puntos para revisar del Capítulo 1

Usted puede escribir sus respuestas en esta página para comprobar su entendimiento y aprovechamiento en los conocimientos que Dios le provee.

1- ¿Qué es la prudencia? ______________________________

____.

2- ¿Cómo definimos la economía? ______________________

____.

3- ¿Qué es la provisión? ______________________________

____.

4- ¿Qué es la imprudencia? ___________________________

____.

5- ¿Qué son las posesiones? ______________________________

____.

6- ¿Por qué Dios es el principal artífice y poveedor? __________

____.

7- ¿Qué significa ser prudente? ___________________________

____.

Capítulo 2

La planificación de sus gastos y su presupuesto y los mitos de sus finanzas

---

Planificación proviene del verbo planificar que significa acción y efecto de planificar. Un plan para obtener un objetivo. Cuando una persona realiza planes y establece sus metas es ahí cuando se comienza el proceso, el cuál va dirigido a obtener resultados esperados.

Cuando usted establece un plan de gastos y control de los mismos es cuando realiza un presupuesto.

Presupuesto

> La palabra presupuesto, pre-supuesto de presuponer, motivo, causa o pretexto con que se ejecuta algo, supuesto o suposición, cómputo anticipado del coste de una obra o de los gastos y rentas de una corporación. Cantidad de dinero calculado para hacer frente a los gastos generales de la vida cotidiana, de un viaje etc.

Cuando nos proponemos a planificar nuestras finanzas comenzamos a tomar decisiones que deben conducirnos a establecer un orden en la manera en que utilizamos nuestros bienes financieros.

Cuando usamos la disciplina

Cuando usamos la disciplina para crear planes nos ponemos en las manos de Dios. Cuando nos ponemos en manos de Dios y estamos sujetos a la disciplina y nos sometemos y reconocemos la autoridad, nuestro futuro financiero estará asegurado.

¿Qué sucede cuando usted planifica?

Cuando usted planifica comienza a vencer los mitos que le ataban.

Veamos cuáles son esos mitos:

1. ¿Seré una persona rica si obtengo más dinero?
2. ¿Podre superar la inflación y el aumento en los costos?
3. ¿Encontraré a alguien que pueda sufragar mis gastos personales?

1. **Las riquezas: Provienen de la acumulación** de activos en un periodo de tiempo. Si usted gana más dinero no significa que automáticamente acumulará más dinero sino que la acumulación ocurrirá cuando usted comience a invertir su dinero en acciones, bonos, fondos mutuos, cajas de ahorro o certificados de depósito
2. **El costo de vida o la inflación**: No es ni ha sido nunca un tema sencillo de manejar. Esta área de la inflación o coste de vida está ligada a leyes de la economía: La oferta y demanda, con esto nos referimos al comportamiento de los individuos y los mercados. Cuando los mercados producen bienes y los ponen a la venta los individuos (personas) comienzan a demostrar su interés o por lo contrario su actitud de no mostrar mucho interés en los bienes de consumo. Cuando no se demuestra interés no hay demanda, pero si hay oferta. Cuando hay interés entonces se crea una demanda de la oferta del producto en el mercado. Si la demanda por el producto aumenta, se infla, sube el precio de ese bien de consumo. Si no hay suficiente demanda entonces los precios de los bienes caen.
3. **El tercer mito es que creemos que siempre habrá alguien que nos pueda mantener económicamente**
   Este mito es más bien utópico, es irreal contar con una persona que nos pueda costear nuestras necesidades cotidianas. Debemos comprender que los gastos que una persona promedio genera mensualmente son altos. Entre estos podemos considerar:

   a. Pagos de planes médicos
   b. Comida
   c. Ropa
   d. Artículos de uso personal

e. Zapatos
f. Diversión

Estos gastos podrían ser entre $_____ o $______ mensuales por cada persona.

1. Veamos lo que Dios propone a través de su palabra en la Biblia en relación a la acumulación de riquezas:

"Mía es la plata, y mío es el oro, dice Jehová de los ejércitos". Hagéo 2:8 (RVR1960).

En otras palabras Dios nos dice que por más que acumulemos riquezas estas nunca serán nuestras, que no debemos afanarnos por acumular dinero o posesiones ya que ellas tienen un solo dueño y este es Dios. Esto no quiere decir que no podamos adquirir estos bienes con nuestro trabajo y esfuerzo. No obstante, en este pasaje se nos recuerda que no debemos aferrarnos a ellos porque el único dueño verdadero es Dios, que estos bienes provienen de Él y que nosotros simplemente somos administradores.

17 *Al salir él para seguir su camino, vino uno corriendo, e hincando la rodilla delante de él, le preguntó: Maestro bueno, ¿qué haré para heredar la vida eterna?*
18 *Jesús le dijo: ¿Por qué me llamas bueno? Ninguno hay bueno, sino sólo uno, Dios.*
19 *Los mandamientos sabes: No adulteres. No mates. No hurtes. No digas falso testimonio. No defraudes. Honra a tu padre y a tu madre.*
20 *El entonces, respondiendo, le dijo: Maestro, todo esto lo he guardado desde mi juventud.*
21 *Entonces Jesús, mirándole, le amó, y le dijo: Una cosa te falta: anda, vende todo lo que tienes, y dalo a los pobres, y tendrás tesoro en el cielo; y ven, sígueme, tomando tu cruz.*
22 *Pero él, afligido por esta palabra, se fue triste, porque tenía muchas posesiones.*
23 *Entonces Jesús, mirando alrededor, dijo a sus discípulos: ¡Cuán difícilmente entrarán en el reino de Dios los que tienen riquezas!*
24 *Los discípulos se asombraron de sus palabras; pero Jesús, respondiendo, volvió a decirles: Hijos, ¡cuán difícil les es entrar en el reino de Dios, a los que confían en las riquezas!*

25 Más fácil es pasar un camello por el ojo de una aguja, que entrar un rico en el reino de Dios.
26 Ellos se asombraban aún más, diciendo entre sí: ¿Quién, pues, podrá ser salvo?
27 Entonces Jesús, mirándolos, dijo: Para los hombres es imposible, más para Dios, no; porque todas las cosas son posibles para Dios.
28 Entonces Pedro comenzó a decirle: He aquí, nosotros lo hemos dejado todo, y te hemos seguido.
29 Respondió Jesús y dijo: De cierto os digo que no hay ninguno que haya dejado casa, o hermanos, o hermanas, o padre, o madre, o mujer, o hijos, o tierras, por causa de mí y del evangelio,
30 que no reciba cien veces más ahora en este tiempo; casas, hermanos, hermanas, madres, hijos, y tierras, con persecuciones; y en el siglo venidero la vida eterna.
31 Pero muchos primeros serán postreros, y los postreros, primeros.

Marcos 10:17-31 (RVR1960).

2. El costo de vida

El costo de vida se refiere al incremento en el precio de los bienes en porcentajes (%). comparándolo año tras año, este incremento va en aumento correlacionado con el ingreso personal per cápita de un país. Veamos un ejemplo de los Estados Unidos de Norte América:

Bienes	Precio	Año
Casa	$25,000	1970
Casa	$64,000	1980
Casa	$135,000	2005
Casa	$463,503	2025 (Futuro)
Auto	$3,400	1970
Auto	$6,910	1980
Auto	$22,321	2005
Auto	$89,965	2025 (Futuro)

Cámara de Comercio Americana 1997 - Segundo trimestre

El costo de vida es un proceso que nosotros no podemos evitar o revertir. Según nuestros salarios van en aumento, los productos, bienes y servicios siguen aumentando. Si nos remontamos al pasado y examinamos el tiempo cuando se comenzó a ofrecer crédito en la sociedad estadounidense para la compra de casas, y para la educación, la ley llamada "G.I, Bill" (Ley que creó el Congreso estadounidense para que los veteranos de las guerras pudieran adquirir viviendas y obtener una educación), aunque todo esto se presentó como un incentivo o una manera de estimular la economía por medio del crédito, en verdad creó en todos los sectores de la sociedad una reacción en los mercados conocida como la inflación. Esto ocurrió en consecuencia a las leyes de la oferta y la demanda. La facilidad del crédito permitió que más personas pudieran entrar en la competencia por los productos y servicios y así los precios comenzaron a aumentar. Esta nueva manera de adquirir productos o servicios se convirtió en un nuevo ciclo que repetiría el comportamiento para que otras personas fueran dirigidas a tomar préstamos y así crear una mayor demanda de productos. Los bancos comerciales que abrieron las puertas para facilitar los préstamos sobre la vivienda en la década de los años 50 le dieron la oportunidad a las parejas jóvenes, a una edad más temprana, para poder adquirir sus casas. Pero esto causó que emerja la inflación. En los años 50, a medida que más familias solicitaban nuevos créditos e hipotecas para la vivienda, los precios de las viviendas comenzaron a subir. A medida que los precios aumentaban muchas familias no podían permitirse el lujo de adquirir una vivienda por los altos pagos mensuales. Los bancos eran conservadores y de allí surge la regla del 25% la cuál exigía que no más del 25% de los ingresos mensuales de una familia debieran usarse para cubrir los pagos mensuales de las hipotecas. Esta situación trajo secuelas en el mercado de la vivienda, produciendo una disminución en las ventas y también afectó a otras industrias afines entre estas los productos de materias primas para la construcción de casas, enseres eléctricos, madera, el mercado de los bienes raíces. Este evento de contracción o disminución en los mercados se vio también en la industria del automóvil y en el campo de la educación, creando para los consumidores una alta dependencia en los préstamos de consumo para estos bienes y servicios. La solución para resolver este desafío financiero fue el extender el tiempo para repagar los préstamos y hacer que los pagos fueran más asequibles o cómodos para las personas con ingresos más moderados. Para la década de los años 60 los banqueros que habían pasado por la gran depresión en el año 1929 entregaban la banca a gente joven con empuje y dinamismo. Lo cual creó la oportunidad de brindar más préstamos a más largo plazo y de cantidades más grandes, esa nueva generación estaría orientada a las deudas.

En la década de los años 70 ya casi todos los mercados o segmentos de la economía estaban dependiendo del crédito. Incluyendo productos de consumo tales como los alimentos, servicios médicos, vestido, y la industria de turismo. Todas estas industrias se alimentaban de las tarjetas de crédito. Se otorgaban préstamos a más largo plazo utilizando como colateral el valor acumulado de los activos del cliente. En otras palabras del valor de sus casas menos la parte ya pagada al banco o su plusvalía o lo que su propiedad había aumentado en valor era usada como colateral para garantizar los préstamos de consumo. Además también se usaba como colateral el valor de las acciones en el mercado de valores tanto como sus negocios personales. En la década de los años 70 no sólo el gobierno garantizaba las deudas también eran estas garantizadas por la misma enorme deuda. La economía dependía mayormente del crédito del consumidor para mantenerse funcional. Los requisitos para aprobar crédito con el tiempo fueron siendo menos restrictivos, por ejemplo permitían que la proporción de los ingresos de ambos cónyuges fuera el 40% para aprobar las hipotecas, y para los préstamos de autos aumentaron el tiempo hasta 60 meses para ser repagados. En la década de los años 80 la deuda se había convertido en un poder que movía toda la economía y los consumidores fueron casi obligados a tomar préstamos para sufragar los costos de la educación de sus hijos, utilizando sus casas como colateral.

¿Podríamos decir que los problemas financieros tienen alguna correlación con el aumento alarmante en la tasa de divorcio? Las personas que son esclavas al ciclo de las deudas durante los tiempos de recesión pasan una amarga experiencia, pero si vamos a la Biblia podemos entonces descubrir lo que Dios nos advierte sobre las deudas:

> *"El rico se enseñorea de los pobres, y el que toma prestado es siervo del que presta"*
>
> *Proverbios 22:7 (RVR1960).*

3. En cuanto a que siempre habrá alguien que nos mantenga

No pida para que Dios le dé un proveedor humano para que le mantenga económicamente, haga lo que hizo el Rey Salomón, hijo de David. Cuando Salomón apenas tenía doce años de edad estaba lleno de horror con sólo pensar de qué manera gobernaría a Israel, preocupado de no tener la sabiduría necesaria para ejercer su reinado. De acuerdo a las escrituras del Antiguo Testamento, Dios se le apareció a Salomón y le preguntó que era lo que deseaba él? Salomón le respondió que sólo quería tener sabiduría y entendimiento para juzgar correctamente al pueblo de Israel.

> *"Da pues, a tu siervo corazón entendido para juzgar a tu pueblo, y para discernir entre lo bueno y lo malo; porque Quién podrá gobernar este tu pueblo tan grande? Y agradó delante del señor que Salomón pidiese esto, y le dijo Dios: porque has demandado esto, y no pediste para ti riquezas, ni pediste la vida de tus enemigos, sino que demandaste para ti inteligencia para oír juicio,*
>
> *1 Reyes 3:9-11 (RVR1960).*

> *"Dame ahora sabiduría y ciencia, para presentarme delante de este pueblo; porque Quién podrá gobernar a este tu pueblo tan grande?*
>
> *2 Crónicas 1:10 (RVR1960).*

Entonces Dios le habló a Salomón y le dijo que como él no había pedido riquezas, honor, muchos días de vida o la vida de sus enemigos Dios le dijo que además de la sabiduría y el entendimiento que pidió le concedía también riquezas, larga vida y honor que a ningún otro rey tendría antes o después de él. Esa fue la promesa que Dios le hizo. El conocimiento de Salomón y su sabiduría llegaron mucho más allá de lo imaginado. Pero a la mitad de su vida, Salomón se apartó de las leyes de Dios y los principios y estrategias que él mismo escribió bajo la inspiración divina en el libro de Proverbios; después de lograr su éxito se olvidó de las leyes de su Dios. Por este motivo usted debe pedirle al Padre que le dé sabiduría y entendimiento no sólo para su vida sino también para que usted pueda construir su seguridad financiera basada, cimentada y mantenida en los principios de la fe en Dios. Dios es el proveedor por excelencia, así que pídale sabiduría con fe y Él le revelará en donde usted debe de desarrollar sus habilidades y conseguir su futura fuente de ingresos. En la medida que usted crezca en su relación con Dios entenderá que Él fue el primer planificador financiero y que desea enseñarle los pasos correctos hacia el éxito y evite seguir los mitos sobre sus finanzas.

Puntos para revisar del Capítulo #2

1- ¿Cómo puede usted planificar sus gastos y su presupuesto familiar?

____

____

____

____.

2- ¿Cuáles son los mitos de las finanzas?

A-

____

____

____.

B-

____

____

____.

C-

____

____

____.

Capítulo 3

Sabiduria al usar su dinero

Los seres humanos pueden tener diversas actitudes hacia el dinero debido a sus experiencias personales a lo largo de sus vidas. Comenzando por la manera en que fueron criados hasta llegar a ser adultos. Veamos algunos de estos pensamientos sobre el dinero y las posesiones a la luz de la Biblia:

> *"El dinero es una bendición, una herramienta para el bien o el mal o una influencia que corrompe."*
> *"¿Entonces debería usted seguirlo administrando o evitando su manejo?*
> *"¿Qué debo hacer con el dinero? ¿Administralo, invertirlo, gastarlo sabiamente, o regalarlo?"*
> *"¿Cuántas posesiones debe tener? ¿Abundantes, adecuadas o mínimas?"*
> *"¿Debo comprar con el dinero lo que deseo o sólo gastarlo para mis necesidades básicas?"*
> *"¿Tener riquezas es un equivalente a santidad? No, ni la riqueza o la pobreza son indicadores de santidad" (1) (RVR1960).*

(1) Manual "What the Bible says about Money" (¿Qué dice la Biblia sobre el dinero?) p.2)*2009*

No importa la idea personal que usted tenga sobre el dinero y las posesiones, en la Biblia Dios le provee los principios para tratar este asunto con sabiduría.

> *"Si pues, coméis, bebéis, o hacéis otra cosa, hacedlo todo para la gloria de Dios"*
>
> *1 Corintios 10:31 (RVR1960).*

La vida cristiana no se centra en que usted reciba gloria o que sea reconocido como alguien poderoso. La honra no llega por las posesiones materiales que usted tenga sino por honrar a Dios y buscar su justicia.

Familia ustedes son los perfectos administradores de las Finanzas

La Familia es la perfecta institución administradora cuándo se trata de la manera en que administra su dinero.. En nuestra sociedad actual del siglo 21 el matrimonio es el administrador de las finanzas del hogar y son los llamados a llevar un registro de los gastos y los ingresos de la familia. El hombre mayormente se dedica a producir la actividad de generar los ingresos necesarios para el sustento de la familia y la mujer ayuda en la administración y lleva un registro de cómo se utiliza el dinero. Cuando la mujer es considerada apta para llevar a cabo las responsabilidades de administradora la Biblia la denomina "mujer virtuosa". Una mujer virtuosa es quién tiene la confianza total de su marido en la manera en que ejecuta la administración de los bienes del hogar. En la Biblia leemos:

> *"Mujer virtuosa ¿quién la hallará? Porque su estima sobrepasa largamente a la de las piedras preciosas. El corazón de su marido está en ella confiado, y no carecerá de ganancias"*
> *Proverbios 31:10-11 (RVR1960).*

La mujer sabia edifica su hogar cuando ejerce la sabiduría administrando el dinero que ella y su esposo han producido juntamente. La mujer y el hombre tienen que repartir el presupuesto familiar entre las necesidades básicas y las necesidades secundarias, estas son:

1-Necesidades básicas:
- A- Diezmos y ofrendas.
- B- Renta de la vivienda o el pago hipotecario.
- C- Comida.
- D- Vestido.
- E- Transportación.
- F- Seguro médico, seguro de la casa y automóvil.

2-Necesidades secundarias:
- A- Diversión.

B- Cuidado personal.
C- Gimnasio.
D- Vacaciones.
E- Revistas y libros.
F- Regalos.
G- Viajes.

Este es un pequeño resumen de algunas de las necesidades primarias y secundarias de las personas hoy en día. Por lo tanto una mujer y un hombre que administran el dinero deben ser muy cuidadosos y sabíos cuándo emiten los pagos que salen de su presupuesto familiar para cubrir esas necesidades. Enfocándose en las necesidades básicas y controlando los otros tipos de gastos, un administrador puede tener éxito en el desempeño de su responsabilidad. La manera más eficaz de llevar un control efectivo de los gastos en el presupuesto familiar es llevando un registro detallado de las entradas y las salidas en el lenguaje de la contabilidad. La mujer sabia e inteligente es de gran estima para su marido quién confía en ella y en el esfuerzo que ella hace para beneficiar a su familia. La palabra en la Biblia dice:

"Mejor es adquirir sabiduría que oro, preciado, y adquirir inteligencia vale más que la plata"
Proverbios 16:16 (RVR1960).

Un **Registro de sus finanzas** podría ser como este ejemplo: Basado en pagos mensuales

Diezmos y ofrendas + pagos de hipoteca o renta	$
Pagos de seguros	$
Gasto de comida	$
Plan médico	$

Un buen administrador es una persona fiel a los preceptos de Dios y a los valores que su conyuge y la familia han estado trabajando juntos. Una administradora le dará cuentas a Dios y tendrá éxito en su trabajo de administrar los bienes.

"Así pues, ténganos los hombres por servidores de Cristo, y administradores de los misterios de Dios. Ahora bien, se requiere de los administradores, que cada uno sea hallado fiel"
1 Corintios 4:1-2 (RVR1960).

Un administrador del presupuesto familiar es una persona que tiene que realizar el uso y control del dinero para cubrir las necesidades primarias de la familia. La utilización del dinero de manera sabia se refiere a cubrir los pagos de las obligaciones básicas como lo son: El diezmo y las ofrendas, la renta, la alimentación, seguro médico y todas las demás clases de seguros. Luego de cubrir estos pagos se balancea el presupuesto para ver la cantidad de dinero sobrante que estará disponible. Al realizar un análisis de gastos vs. ingresos veremos el sobrante después de los pagos realizados. Este sobrante es el dinero que queda disponible para cubrir otras necesidades. También el administrador debe tomar en cuenta que la familia debe tener o crear un fondo de emergencia, en el cuál se asigna una parte del presupuesto para eventos imprevistos.

El administrador debe ser muy cuidadoso de no gastar el dinero en cosas vanas como simples adornos para la casa o el cuerpo, porque se pierde mucho dinero y con el tiempo estas cosas no aumentan su valor sino que son gastos superfluos. Sin embargo, si la mujer y el hombre trabajan y administran de manera inteligente su dinero, ayudarán a acrecentar sus activos líquidos.

Veamos que nos dice la palabra de Dios en la Biblia:

> *Las riquezas de vanidad disminuirán, pero el que recoge con mano laboriosa las aumenta*
>
> *Proverbios 13:11 (RVR1960).*

El hombre y la mujer que trabajan tendrán la bendición de Dios y serán prosperados si siguen sus preceptos de sumisión, buena y sabia administración y una mente en santidad para llevar a cabo los preceptos de humildad y amor en cada cosa que se haga para el provecho de los miembros de la familia. Una familia trabajadora, humilde y sometida a Dios alcanzará la bendición abundante del padre. Y el resultado será excelente, el éxito no se hará esperar en ese hogar en todos los aspectos, incluyendo el aspecto financiero.

Veamos lo que nos dice la palabra de Dios sobre esto en Proverbios 13:4

> *"El alma del perezoso desea, y nada alcanza, mas el alma de los diligentes será prosperada"*
>
> (RVR1960).

LA SIEMBRA

Cuando una familia siembra en una iglesia, ministerio o individuo invierte bien su dinero, está sembrando virtud y sabiduría en sus miembros, y está agradando a Dios Padre. Si usted sabe honrar al Padre con cada cosa que usted haga en cuanto a la administración del dinero, Dios le retribuirá con abundancia. Veamos que dice la palabra de Dios respecto a esto:

> *"Honra a Jehová con tus bienes y con las primicias de todos tus frutos, y serán llenos tus graneros con abundancia, y tus lagares rebosarán de mosto"*
>
> *Proverbios 3:9-10 (RVR1960).*

Tengo gratos recuerdos de cuando era muy joven, mi madre Ana Luisa Fuster siempre administraba el dinero que mi padre Roberto Martínez le suplía, le correspondía hacer un detalle de las partidas de gastos para cubrir las necesidades básicas, más aun cuando salíamos de viaje ella se encargaba de pagar las comidas y los gastos de gasolina en cada uno de los viajes que hacíamos juntas a varios estados de los Estados Unidos. Cuando yo veía la manera sabia y comedida de cómo mi madre manejaba el dinero que mi padre le suplía, admiraba mucho la disciplina y sabiduría en la utilización del mismo. En ocasiones nos decía que para alimentarnos nunca se escatimaba en gastar el dinero, en otras palabras para comer lo que quisiéramos siempre el dinero estaba disponible. Sin embargo cuando alguno de sus tres (3) hijos le pedíamos algo que se salía de su presupuesto, aunque el dinero estuviera disponible ella muy sabiamente nos decía de manera directa que NO se gastaría más dinero. Ella era una mujer que demostraba poseer varias características que la convertían en una mujer virtuosa.
Veamos esas características:

1- Disciplinada y fiel.
2- Respetuosa de las normas del hogar.
3- Comunicativa con todos los miembros del hogar.
4- Sabia.
5- Comedida.

Mi madre se convertía en la <u>perfecta administradora de los bienes financieros</u> del hogar porque era una mujer fiel a los preceptos de cómo cuidar los bienes que mi padre le confiaba a ella. Veamos la palabra de Dios que dice sobre este particular:

> *"Ahora bien, se requiere de los administradores, que cada uno sea hallado fiel"*
>
> *1 Corintios 4:2 (RVR1960).*

Puntos para revisar del capitulo #3

1- ¿Qué significa usar el dinero sabiamente? ____________________

____.

2- ¿Cree usted que el matrimonio debe ser administrador de las finanzas? ¿Por qué? ____________________________________

____

____

____.

3- Registro de sus finanzas:

4- ¿A qué se refiere la siembra? ¿Cómo la pone por obra en su vida?

____

____

____.

Capítulo 4

El ahorro y la inversion

El ahorro se refiere a establecer un método de separación sistemática de dinero ya sea semanal, mensual o anual para crear un fondo en el cual el objetivo es la acumulación de dinero a corto, mediano o largo plazo. La inversión se refiere a tratar de crear un capital financiero a través del retorno luego de haber invertido el dinero en los diversos tipos de inversiones que provee el mercado. Cada uno de estos diferentes métodos tiene diversos objetivos de acuerdo al nivel de tolerancia del riesgo del inversionista. Veamos los tres tipos de tolerancia al riesgo:

1- Poca o ninguna tolerancia al riesgo.
2- Riesgo moderado.
3- Agresivo o de alto riesgo.

Después de haber examinado la diferencia entre lo que es el ahorro y la inversión podemos ver que a mayor riesgo mayor es la posibilidad de ganancias. Hay una correlación entre el riesgo y las ganancias. A mayor riesgo mayores posibilidades de obtener mejores ganancias, pero esto conlleva el que el inversionista tenga que utilizar los diversos tipos de inversiones tales como acciones, bonos, fondos mutuos, etc. Sin embargo, el inversionista tiene que arriesgar sus activos si quiere más ganancias futuras. Muchas veces al obtener buenos retornos y tener más dinero disponible para gastar, el inversionista cuenta con mayores oportunidades de gastar su dinero. Veamos que nos habla sobre esto la Biblia:

> *"Cuando aumentan los bienes, también aumentan los que los consumen.*

¿Qué bien, pues, tendrá su dueño, sino verlos con sus ojos?
Eclesiastés 5:11 (RVR1960).

Entonces debemos pensar en ser buenos administradores de ese dinero que Dios nos ha confiado como mayordomos. La mayordomía y la administración es un don precioso como también lo es gozar de los beneficios que trae una sana administración de esos recursos financieros. Pero no es bueno ante los ojos de Dios que un administrador haga mal uso de esos recursos financieros porque tendrá que rendir cuentas a su Padre celestial y pagará un alto precio por el mal manejo. La palabra nos dice en la Biblia:

"Asimismo, a todo hombre a quién Dios da riquezas y bienes, y le da también facultad para que coma de ellas, y tome su parte, y goce de su trabajo, esto es don de Dios"
Eclesiastés 5:19

PORQUÉ ES IMPORTANTE CONOCER LAS INVERSIONES

En relación a los aspectos puramente personales debemos reconocer que todas las personas tienen un patrimonio de algún tipo, este patrimonio puede consistir del valor de sus conocimientos cuando rinde algún servicio profesional o técnico en el campo del trabajo. Muchos individuos hacen decisiones acerca de sus inversiones a lo largo de sus vidas. Algunas personas desean mejorar el retorno de sus cuentas de ahorro invirtiendo en otras alternativas para asegurar sus ahorros. También muchos empleados deciden invertir sus fondos de retiro en bonos y acciones. Una inversión puede ser definida como él compromiso de fondos en uno o más tipos de inversiones para tenerlos en algún tiempo futuro. El campo de las inversiones envuelve el estudio del proceso de las inversiones. Las inversiones conciernen el manejo del patrimonio de un inversionista, el cual es la suma del ingreso corriente y el valor presente de todo el ingreso futuro. En otras palabras parte del dinero que usted gana lo puede invertir y obtendrá un ingreso futuro. Eso es porque el valor presente y el concepto de interés compuesto tienen un rol importante en el proceso de las inversiones. Las inversiones tienen que ser analizadas a través de dos (2) funciones:

1- Análisis
2- Su manejo

Las inversiones se refieren en general a los activos financieros, particularmente los instrumentos mercadeables.

Los activos financieros son:

Papel o (electrónicos) reclamos sobre algunas emisiones, como las emisiones del gobierno federal o una corporación como los bonos de los cuales discutiremos más adelante. Por otro lado los activos de propiedades (activos reales) son activos tangibles como lo son la plata, oro, diamantes, arte, y bienes raíces tales como lo son las casas, edificios y tierras. Técnicamente las inversiones incluyen activos financieros y activos reales, y ambos activos mercadeables y no mercadeables.

La inversión de fondos en varios activos o tipos de inversión es sólo una parte de la totalidad de la toma de decisiones y planificación que muchos individuos hacen. Antes de invertir, cada individuo desarrolla un plan financiero general. El plan deberá incluir la decisión en donde comprar una casa, lo cual para muchos individuos representa una inversión mayor.

También se debe hacer decisiones referentes a los seguros de varios tipos, esta área se conoce como los manejos de riesgo, vida, incapacidad, salud y la protección de sus negocios, la propiedad y sus autos. Finalmente el plan debería preveer una reserva o fondo de emergencias.

Los inversionistas necesitan establecer un plan financiero comprensivo para manejar y aumentar su patrimonio invirtiendo en una combinación óptima de activos financieros o de inversiones variadas. La idea de una combinación óptima es importante porque el patrimonio, el cuál nosotros tenemos en forma de varios activos, debe ser evaluado y manejado como un todo unificado. El patrimonio debe ser evaluado y manejado en el contexto de un portfolio, el cual consiste de los activos en cartera de un inversionista. Por ejemplo si usted compra ocho (8) acciones y cinco (5) fondos mutuos, ese es su portafolio. Si sus padres u otro familiar compra 100 acciones, bonos municipales, y algunos certificados de deposito (CD), este es el portafolio de activos financieros.

QUE ES UN INVERSIONISTA?

Un inversionista es una persona que desea participar en las oportunidades que ofrece el mercado de los diferentes tipos de valores tales como las de ingreso fijo como cuentas de ahorro, certificados de deposito (CD), Money Market, bonos y las de ingreso variable tales como son los fondos mutuos y las acciones.

PORQUÉ DEBEMOS INVERTIR

Invertimos con el objetivo de hacer dinero, invertimos para incrementar nuestro patrimonio monetario corriente y futuro. Se entiende que los inversionistas están interesados sólo en los beneficios monetarios que son obtenidos a través de la inversión.

Los inversionistas buscan manejar su patrimonio efectivamente, obteniendo lo mejor protegiéndose de la inflación, los impuestos (Taxes) y otros factores. La gente que invierte tiene estos dos objetivos en mente.

EL RIESGO

Los inversionistas quieren que sus inversiones crezcan lo más posible. Pero existen algunos riesgos que podrían amenazar el resultado deseado. Si examinamos la historia encontraremos que entre los años 1995 y 1999 los retornos anuales del mercado fueron más del 20% en las acciones comunes. Las decisiones que se hagan relativas a las inversiones siempre deben considerarse en términos del riesgo y el retorno o rendimiento. Ambas cosas son inseparables. Podemos definir el riesgo como la posibilidad de que el retorno actual de una inversión pueda ser diferente de su retorno esperado.

Por ejemplo:
Es poco probable que la emisión de una nota del tesoro (Treasury Bill) pierda su valor o tenga algún riesgo real. La explicación para entender este concepto es la improbabilidad que el valor del dólar corriente sea un riesgo real, cuando esas obligaciones maduran entre 13 a 26 semanas, el gobierno debe redimirlas. Por otro lado existe un riesgo menor que las compañías multinacionales del país como Ford Motor, General Electric y la Exxon Móbil sean incapaces de redimir la emisión de bonos en 30 años cuando maduren.

Los inversionistas son muy aversos al riesgo, pero la forma de manejarlo es escogiendo el tipo de riesgo y la cantidad de riesgo que están capacitados para manejar y aceptar. Algunos inversionistas son capaces de tomar niveles altos de riesgos con la expectativa de altos niveles de retornos o ganancias. Otros no son capaces de asumir mucho riesgo y no tienen la expectativa de generar retornos altos. Los inversionistas en general eligen el minimizar los riesgos, pero hay costos en minimizar el riesgo, como recibir un bajo retorno o ganancias. La conclusión lógica es que al minimizar el riesgo el resultado será tener inversiones libres de riesgos como lo son las cuentas de ahorro y las notas del tesoro de los Estados Unidos.

Los inversionistas tradicionalmente analizan y manejan sus inversiones usando un proceso que consta de dos (2) pasos:

1- Análisis de la inversión
2- El manejo del portafolio.

Veamos lo que nos dice la Palabra de Dios en relación a las expectativas de incrementar el dinero y el riesgo.

> *"Mejor es lo poco con el temor de Jehová, que el gran tesoro donde hay turbación"*
>
> *Proverbios 15:16-17 (RVR1960).*

El inversionista debe de ser cauteloso y no tratar de aspirar a riquezas que sean exacerbadas y fuera de la realidad, porque eso traerá confusión y desasosiego en el inversionista y su familia, más aun en momentos en que los mercados de valores están tan inestables y existe un alto riesgo de perder todo o una parte significativa de sus inversiones.

Acciones comunes, el proceso de valoración es difícil. El inversionista debe lidiar con la economía, la industria en la que invierte y estudiar cada compañía individualmente. Tanto el retorno esperado como el riesgo de las acciones comunes deben estimarse. Además los inversionistas deben considerar la posibilidad de que los mercados de inversiones mayormente los de acciones sean eficientes. En un mercado eficiente, los precios de las inversiones no son cotizados por los precios que son afectados en la economía. . Los valores económicos de las inversiones son determinados por las expectativas del inversionista sobre las ganancias y los riesgos. Si el precio de mercado de una inversión sale de la estimación de valor económico o lo que se espera sobre el crecimiento o ganancia de determinada compañía, los inversionistas actúan para brindar los dos valores juntos. Según llegue información nueva en un mercado eficiente, esto causaría una revisión en el estimado correcto del crecimiento o los resultados de esa inversión; las inversiones serán eficientemente valoradas, en cuanto a su precio, de manera continua.

El manejo del portafolio:

Este es el segundo componente del proceso de decisión. Después de haber evaluado las inversiones, el portafolio debe ser seleccionado. Los conceptos de porqué y cómo construir un portafolio son conocidos. Mucho del trabajo en esta área es en forma de modelos matemáticos y estadísticos, los cuales tienen un efecto profundo en el estudio de las inversiones en nuestra nación.

Estrategias pasivas de inversión:

Esta estrategia conlleva el escoger la inversión deseada, las cantidades y los activos en el portafolio y mantener las proporciones y los activos, haciendo pocos cambios. Pero se deben considerar los siguientes factores:

1- Impuestos (Taxes)
2- Costos de las transacciones, honorarios, comisiones o cargos
3- Análisis del nivel de riesgo deseado

Estrategias activas de inversión:

Envuelve decisiones específicas para cambiar las proporciones o cantidades de las inversiones seleccionadas, o los activos en categorías específicas basados en la creencia de que un inversionista pueda tener ganancias al hacerlo. Si el inversionista persigue una estrategia activa, la emisión debe ser considerada según la eficacia del mercado. Si los precios reflejan información rápida y completa, los inversionistas deberán considerar cómo esto puede afectar sus decisiones de compra y venta. La posibilidad de que el mercado de valores sea eficiente, como se ha discutido, tiene significativas implicaciones para los inversionistas.

Las personas, en este caso las mujeres, y los hombres deben invertir su dinero sean o no utilizando las teorías de cómo invertirlo; pero las promesas de Dios son claras y si la mujer es virtuosa y hace las cosas correctamente nunca carecerá de ganancias. Veamos lo que nos dice la palabra de Dios:

> *"El corazón de su marido está en ella confiado, y no carecerá de ganancias"*
>
> *Proverbios 31:11 (RVR1960).*

Aunque usted maneje su portafolio no lo haga con un afán de enriquecerse, veamos que dice la palabra de Dios:

> *"Porque los que quieren enriquecerse caen en tentación y lazo, y en muchas codicias necias y dañosas, que hunden a los hombres en destrucción y perdición; porque raíz de todos los males es el amor al dinero, el cuál codiciando algunos, se extraviaron de la fe, y fueron traspasados de muchos dolores"*
>
> *1 Timoteo 6:9-10 (RVR1960).*

Organizando los activos financieros:

Las alternativas de inversiones disponibles a través de las inversiones directas, envuelve inversiones, ventas y compras, típicamente usando su cuenta de corretaje. Los inversionistas quienes invierten directo en los mercados financieros, usando un agente o u otros medios, tienen una amplia variedad de activos para escoger.

Las oportunidades de inversiones no mercadeables, como lo son las cuentas de ahorro.

Veamos las categorías de las inversiones mercadeables:

1- Cuentas Money Market
2- Mercados de capital (Capital Market)
3- El mercado derivativo (Los derivados)

Los inversionistas a través de los mercados de capital invierten utilizando un agente u otros medios, tienen una gran variedad de activos de los cuales seleccionar. Veamos lo que dice la palabra de Dios:

> *"El que **ama el dinero**, no se saciara de dinero, y el que ama el mucho tener,*
> *no sacará fruto. También esto es vanidad"*
>
> *Eclesiastés 5:10 (RVR1960).*

Puntos para revisar del Capítulo #4

1- ¿Qué es el ahorro? ______________________________

____.

2- ¿Qué es la tolerancia al riesgo? ______________________________

____.

3- La importancia de conocer los tipos de inversiones __________

____

____

____.

4- ¿Qué son los activos financieros? ______________________________

____

____

____.

5- ¿Qué es un inversionista? ______________________________

____

____.

6- ¿Por qué debemos invertir bien nuestro dinero? ______________

____

____.

7- ¿Qué es el riesgo? ______________________________

____.

8- ¿Qué es un fondo mutuo? ______________________________

____.

9- ¿Cómo podemos manejar un portafolio de inversiones? ________

____.

10- Mencione los tipos de estrategias de inversiones________________

____

____.

11- Describa como puede organizar los activos financieros _____

____

____.

Capítulo 5

Cómo realizar sus metas financieras y hacer su presupuesto familiar

Como toda meta es trazada en base a expectativas personales, los sueños, deseos y necesidades de cada persona. En el plano financiero no es diferente, toda persona debería preparar su plan financiero por etapas y con un determinado objetivo. Por ejemplo si usted es una mujer o un hombre entre las edades de 25 a 55 años usted debería considerar organizar sus finanzas básicas en los siguientes aspectos:

1- Qué tipo de trabajo usted tiene, si usted trabaja para una empresa privada o si trabaja por cuenta propia.

2- ¿Qué tipo de retiro quiere usted tener?
Un retiro holgado con lo suficiente para vivir cómodo, o un retiro regular que sólo cubra sus necesidades básicas? Luego de considerar estas dos posibilidades debemos escoger lo que deseamos alcanzar y luego planificar. Si usted se organiza bien en su casa y obtiene una libreta en la que llene registros semanales, será de gran ayuda para organizar sus metas financieras y su presupuesto familiar. A continuación le proveo un modelo con el cuál usted puede trabajar en su casa.

Una libreta común y corriente podría convertirse en una herramienta para que usted se organize mejor en el manejo de sus finanzas familiares, llevando registros de sus ingresos y gastos.

Fuente de ingresos:

Primero tenemos que comenzar analizando el factor de la fuente de ingresos familiares. ¿De dónde provienen sus ingresos? De su negocio propio o de un trabajo regular?

Presupuesto mensual para el pago de las cuentas:

DIEZMOS Y OFRENDAS, RENTA Y OTROS GASTOS	*$*	*INGRESO FAMILIAR*	*DIFERENCIA ENTRE INGRESOS Y GASTOS*
ENERGÍA	$	$	$
AGUA	$	$	$
COMIDA	$	$	$
GAS	$	$	$
SEGUROS	$	$	$
ENTRETENIMIENTO	$	$	$
OTROS	$	$	$

Esta es una forma rudimentaria o sencilla de llevar a cabo el presupuesto financiero del hogar, pero a la vez es una forma fácil y cómoda de llevar un registro de datos que serán útiles en las finanzas familiares.

Tiempos de realizar sus metas financieras: Metas a corto plazo

Las metas a corto plazo son aquellas que usted debe realizar en un periodo muy corto de tiempo, entre uno a seis (1-6) meses. Veamos algunos ejemplos de las metas financieras a corto plazo.

1- Pagar algunas cuentas temporales.
2- Ahorrar para un viaje.
3- Ahorrar para emergencias e imprevistos.
4- Pagos de financiamientos a corto plazo.

Metas a mediano plazo:

Las metas a mediano plazo son aquellas que usted debe realizar en un plazo de 6 a 12 meses (seis a doce meses) veamos algunos ejemplos de las metas financieras a mediano plazo.

1- La compra de un auto.
2- El financiamiento de estudios superiores.
3- La mudanza a otra área o para vivir en otra ciudad.

Metas a largo plazo:

Las metas a largo plazo son aquellas que usted debe realizar en un periodo de un (1) año en adelante. Dos a cinco años. Veamos algunos ejemplos de las metas a largo plazo:

1- La compra de una casa o apartamento.
2- La compra de un terreno.
3- La compra de un negocio.

Estrategias para manejar un presupuesto familiar limitado:

Muchas veces la realidad que nos corresponde vivir es una en la cual el flujo de dinero en efectivo no es mucho, o quizás no creemos que sea el suficiente para cubrir todas nuestras necesidades. Por lo cual entramos en un dilema de cómo manejar de manera efectiva el dinero que entra en nuestro hogar. Este tópico del manejo efectivo de un presupuesto es uno bastante retador. Parece fácil hacer el trabajo de administrar el dinero, pero realmente es algo que requiere que tengamos el conocimiento de algunas estrategias y sabiduría.

Conocimientos financieros básicos:

Como parte de un plan de manejo del presupuesto familiar, debemos conocer algunas cosas básicas tales como:

1- Lo que es un presupuesto.
2- Cómo se organiza un presupuesto.
3- Cómo se maneja un presupuesto.
4- Qué resultados debemos esperar de un presupuesto.

A- Un presupuesto es un plan de cómo manejar las finanzas personales y de la familia. Es también considerado un mapa de cómo organizar y distribuir los recursos financieros para cubrir las necesidades de cada miembro de la familia y una manera de cumplir con las obligaciones financieras.
B- Un presupuesto se organiza de la siguiente manera:
   a- Creando un registro en el cuál usted lleve un control de los ingresos y los gastos.
   b- Produciendo unas reglas o parámetros en los cuales usted establezca en que ocasiones hará pagos adicionales.
C- Cómo se maneja un presupuesto:
   Un presupuesto es un plan flexible en el cual usted establece una lista de las obligaciones financieras y registra los ingresos contra los gastos generados. Usted debe visualizar hacia dónde va su dinero. Debe llevar este registro en base a un uso diario, semanal y mensual. También debe llevar en su registro las partidas en las cuales usted divide y organiza

su presupuesto. Si usted tiene las partidas comunes como lo son gastos fijos mensuales estos podrán ser una lista de los siguientes:

I. Diezmos y ofrendas.
II. Renta o hipoteca
III. Energía/servicios/agua y teléfono
IV. Comida
V. Gasolina
VI. Entretenimiento

Luego usted cuantifica sus gastos sumando el total de sus pagos semanales o mensuales y los contrasta con aquellos ingresos que usted genera de manera semanal o mensual. Al final usted debería tener un balance positivo para que la salud financiera pueda ser considerada en su situación familiar. De no ser así usted tendría un presupuesto en déficit.

Si su presupuesto demuestra que usted está en déficit hay una situación adversa que debe ser corregida tomando unas medidas correctivas.

Medidas correctivas ante un presupuesto en déficit:

1- Reducir los gastos estrictamente para cubrir las necesidades básicas, como lo son el diezmo, las ofrendas, vivienda, servicios utilitarios, seguros, comida, y gasolina.
2- Cortar las salidas a cenar fuera de la casa, o al menos disminuirlas a un 10%. Ejemplo si usted salía a comer fuera cinco veces a la semana reducir estas salidas a sólo una salida cada dos semanas.
3- Cortar los gastos de revistas, ya sean estas compradas o parte de subscripciones mensuales.
4- Utilizar un solo automóvil para las salidas a largas distancias, pero a la vez mantener este vehículo en buenas condiciones de mantenimiento para que no ocasione gastos extraordinarios de gasolina y reparaciones.
5- Limitar las salidas de diversión sólo a lugares que **no** generen gastos. Ejemplo: Parques del estado en el cual usted puede llevar su propia comida.
6- Comer la mayoría de las comidas en la casa y preparar el almuerzo para llevarlo al trabajo.

Estas son algunas de las medidas correctivas que usted podría poner en práctica.

Qué resultados debemos esperar de un presupuesto

Los resultados que debemos esperar de un presupuesto manejado por un administrador de los bienes de una familia son:

1- Ajustar el presupuesto a niveles saludables para cubrir todas las necesidades de la familia, y que al final del ajuste del mismo haya un resultado al menos alentador de haber podido cubrir todas las cuentas y que no se haya quedado nada sin cubrir. Pero si hay un sobrante de dinero, eso será positivo para su presupuesto. De esta manera usted empezará a tomar confianza de sus resultados positivos e irá reduciendo ciertos patrones de gastos y sus finanzas comenzaran a mejorar de manera positiva. El éxito financiero se consigue aplicando pasos que son parte de un proceso de ajustes y cambios. No pretendo que usted haga cambios de inmediato sino de forma paulatina y sistemática. Como habíamos visto, el presupuesto es una guía que nos ayuda a establecer los parámetros de cómo administrar nuestros ingresos familiares u personales. El administrador/ra es quien asume la responsabilidad de tomar las decisiones de qué hacer con el dinero, de cómo manejarlo, de cómo utilizarlo y de cómo invertirlo para sacar provecho. A través de un presupuesto podemos obtener excelentes resultados con el paso del tiempo. Esta es una forma de obligarse a tener cierta organización, metas definidas y claras y una visualización de donde usted quiere estar de aquí a 5, 10, 15, 20 o 30 años en el plano financiero.

Quienes deben preparar un presupuesto:

Todas aquellas personas, entidades o familias que tengan aspiraciones de tener un futuro financiero organizado y dirigido al éxito. Cuando hablamos de familias nos referimos al núcleo de personas que forman un hogar constituido por un padre o madre soltero/a o matrimonios con o sin hijos o personas solas. Cuando nos referimos a una entidad estamos hablando de una corporación constituida bajo las leyes estatales o federales. También las entidades y corporaciones tienen que establecer un plan de hacer un presupuesto para establecer sus márgenes de operaciones, para poder figurar sus ganancias, y sus posibles pérdidas y así reducirlas.

Como archivar los recibos para llevar un registro en su presupuesto:

Los registros de ingresos y gastos como ya habíamos establecido en los tópicos Fuente de ingresos y las Estrategias para manejar un presupuesto familiar limitado conlleva el sacar una información básica de las cuentas de débito o recibos de pagos, de lo que usted ha generado en un mes en particular. Por esa razón el saber manejar los recibos conlleva el poder sacar la información de los recibos, luego insertar esta información en los registros manuales o electrónicos en la computadora. Y luego usted debe de archivar estos recibos de tal manera que pueda tenerlos por cierto tiempo en sus archivos. La manera correcta de archivar estos recibos de sus gastos es la siguiente:

1- Designar un portafolio con carpetas para cada rubro, por ejemplo: diezmos y ofrendas, pagos de hipoteca o renta, etc. En cada carpeta correspondiente colocará los recibos de pago.
2- Colocar los recibos ordenadamente del más antiguo al más reciente, ponga adelante el más antiguo.
3- Es importante que usted conserve estos archivos por un tiempo razonable, al menos por uno o dos años.

El guardar estos recibos podría ayudarle a demostrar a sus acreedores, en caso de necesidad, que usted ha cubierto esas cuentas de manera adecuada y en el tiempo esperado.

Qué tipos de sistemas de manejo de presupuesto debe usted usar:

Hay dos tipos de sistemas para manejar su presupuesto y brindarle la oportunidad de tener acceso inmediato a la información que guarda en ese sistema.

1- Sistema manual de datos utilizando una libreta común y corriente o también utilizando un registro o un libro de contabilidad.
2- Un programa como Microsoft Excel para registrar los datos electrónicamente.

Puntos para revisar del Capítulo #5

1- ¿Cómo usted debe realizar las metas financieras y hacer un presupuesto familiar?: ______________________________

____

____

____.

2- ¿Cuándo debe planificar sus metas financieras, cómo debe hacerlo y quién puede ayudarle?: ________________________

____

____

____.

3- ¿Cómo puede manejar un presupuesto familiar limitado?:

____

____

____

____.

4- ¿Cómo puede manejar un presupuesto?__________________

____

____.

5- ¿Cómo puede corregir un presupuesto en deficit?

____

____

____.

6- ¿Qué resultados puede esperar de un presupuesto?

____

____

____.

7- Mencione los tipos de sistemas de manejo de un presupuesto

____

____

____.

Capítulo 6

Cómo invertir su dinero para obtener ganancias y los tipos de inversiones

Cuando invierten su dinero en algún tipo de cuenta, a todo inversionista le gusta ganar mucho dinero. Por regla general a nadie le gusta perder dinero ni ganar poco interés o dividendos. Es naturaleza humana querer tener mucho de todo. Tener mucho dinero, muchos autos, mucha ropa y mucho poder. **La cultura del mucho** es la que nosotros hemos conocido. Si no tenemos mucho de algo nos sentimos que no tenemos nada. Es muy triste ver como hemos pasado este tipo de pensamiento a nuestros hijos y cómo nuestros hijos son esclavos de esta enseñanza equivocada de nuestra cultura y sociedad. Cuando invertimos dinero queremos tener muchas ganancias y aumentar nuestro capital de tal manera que podamos demostrar nuestro poder ante el mundo. A veces amamos al dinero como si fuera una persona, como si fuera una parte importante de nuestra vida en el plano personal.

¿Será posible que amemos el dinero? Si, lo es. Esto ocurre cuando buscamos poseer algo para satisfacer nuestro deseo de posesión personal.

No debemos de amar al dinero como si fuera una persona a quién servimos y quién nos sirve. El dinero no debe de ser objeto de nuestro amor y adoración.

Veamos que nos dice la palabra de Dios a este respecto:

> *"Ningún siervo puede servir a dos señores porque aborrecerá al uno*
> *y amara al otro o estimará al uno y menospreciará al otro,*
> *no podéis servir a Dios y a las riquezas"*
>
> *Lucas 16:13 (RVR1960).*

A veces pensamos que el dinero es un salvavidas para obtener las necesidades de la vida cotidiana, porque nos provee la manera de tener acceso a las cosas que el mundo nos ofrece y que también hemos sido programados para que las deseemos. Cuando digo que "nos han programado" me refiero a la manera en que nos educan para que hagamos ciertas cosas según la creencia popular, las modas y los grandes intereses que forjan las conductas basadas en el consumismo. Los países del mundo están en competencia para ver quiénes son los más consumistas, el consumismo es una conducta obsesiva la cual pone énfasis en que las personas se mantengan enfocadas en el solo hecho de comprar, de adquirir cosas, productos o servicios que en realidad no son necesarios en ese momento para que sus vidas sean mejores o más productivas, todo lo contrario, crean una carga emocional y económica en sus vidas y en sus familias.

El adquirir posesiones, riquezas y objetos no es algo malo, pero hay que tener en cuenta que tampoco es correcto que lo hagamos de manera desordenada e injusta. Veamos que nos dice la palabra de Dios a este respecto:

> *"Como la perdiz que cubre lo que no puso, es el que injustamente amontona riquezas; en la mitad de sus días las dejara, y en su postrimería será insensato"*
>
> *Jeremías 17:11 (RVR1960).*

A veces las personas se quejan de que poseen pocas cosas materiales y de que hay muchas otras personas que le rodean en sus trabajos y en su núcleo de amistades las cuales tienen grandes posesiones materiales y grandes riquezas visibles ante los ojos de los demás. Mas, sin embargo, pierden de vista que las cosas más fundamentales de sus vidas son las cosas que no se pueden cuantificar de manera matemática, física o material, porque lo esencial es invisible a los ojos y debemos tener claro que no se ve bien sino es con el corazón, y esa enseñanza es profundamente cristiana y la debemos de tener muy presente y debemos tenerla como una máxima en nuestra vida cotidiana. El señor Dios todopoderoso nos ha enseñado que el justo tiene sus riquezas y que debemos de reconocer que esas riquezas fueron provistas por el mayor proveedor: Dios Padre, el todopoderoso, el Rey de reyes y Señor de señores. ¿Por qué entonces sentimos que nos falta algo? ¿Será que estamos siendo esclavos a las modas y las conductas del mundo que nos rodea? ¿Estamos siendo parte de esa nueva generación de personas que sólo pueden sentirse satisfechas consumiendo desproporcionadamente y entrando en compromisos financieros que comprometen las finanzas de sus familias hasta el punto de llevar la familia a la bancarrota? Si queridos lectores, la bancarrota o la quiebra, es una palabra de poco agraciada y que no queremos escucharla, pero muchas veces formamos parte de esas estadísticas que demuestran fehacientemente que cuando no estamos organizados o dispuestos a seguir un presupuesto organizado y hecho de manera sabia, ese es el destino final de las finanzas de una familia o entidad. Penosamente sino nos disponemos a seguir las reglas que Dios nos ha dejado establecidas en su palabra, estaremos destinados a ser parte de las estadísticas de bancarrota.

Veamos que nos dice Dios en su palabra sobre este particular:

> *"Mejor es lo poco del justo, que las riquezas de muchos pecadores. Porque los brazos de los impíos serán quebrados; mas el que sostiene a los justos es Jehová"*
>
> *Salmo 37:16-17 (RVR1960).*

Si una persona está en una situación personal y emocional en la cual piensa continuamente en las posesiones materiales y el dinero, si este pensamiento es la motivación en su vida, esta persona está sirviéndole al **dios dinero** porque cuando nuestros pensamientos están dominados por el dinero, es muy difícil que una persona anteponga otra cosa en primer lugar depositando todas sus energías, sueños, anhelos y expectativas en ese **objeto de su amor** llamado **dinero, posesiones y riquezas.** Si todo el objeto de nuestra adoración y de nuestra vida está puesto en este mundo material, nuestro espíritu se cierra a la comunión con nuestro **Padre Celestial,** y no habrá manera posible de que satisfagamos nuestros deseos de tener cada día más posesiones porque nunca podremos llenar nuestra espiritualidad de nada material o que tenga alguna relación con las riquezas del mundo. Sólo hay una persona que puede satisfacer todas nuestras necesidades de manera completa y total, el Dios padre todopoderoso creador del cielo y la Tierra, de todo lo visible e invisible.

Veamos que nos dice nuestro padre celestial en su palabra que nos ha dejado:

> *"Ninguno puede servir a dos señores; porque o aborrecerá al uno y amara al otro, o estimara al uno y menospreciara al otro. No podéis servir a Dios y a las riquezas".*
>
> *Mateo 6:24 (RVR1960).*

Cuando estamos tan abrumados en la vida viendo cómo las personas luchan para obtener riquezas y cómo a veces las conquistan, los grandes potentados financieros, nuestro corazón entra en un conflicto en el cual nos inclinamos a pensar que si esa persona ha tenido conquistas excelentes en sus finanzas y en sus posesiones, eso es algo que nosotros también debemos de perseguir en nuestras vidas. Nos vamos detrás de ese sueño muy humano, de la conquista financiera, pensando que sólo así podremos ser personas felices, realizadas y poderosas, creemos que ese es el modelo que debemos de seguir, y finalmente nos afanamos por lo material dedicando todas nuestras energías en el obtener, poseer, conquistar, obtener reconocimiento, influencia política, el poder económico en nuestra familia, buscando que se nos respete para encontrar nuestro significado por medio de la abundancia material lo cual es muy característico en las personas que no conocen cómo opera el reino de Dios. Entonces hemos caído en el juego peligroso de la codicia: un deseo insaciable que nos lleva a pensar en un solo señor y a él servirle. Comenzamos a entrar en tentaciones de codiciar hasta el cónyuge de nuestro vecino y esto podría exponernos a actuar en un plano pecaminoso y nos pondría en una posición muy precaria en el plano espiritual y personal. Veamos que nos dice Dios en su palabra sobre este particular:

> *"No codiciaras la casa de tu prójimo, no codiciaras la mujer de tu prójimo, ni su siervo, ni su criada, ni su buey, ni su asno, ni cosa alguna de tu prójimo"*
>
> *Éxodo 20:17 (RVR1960).*

Debemos saber qué si sólo adoramos al Dios padre podremos obtener todos los beneficios que Él ha prometido a sus hijos. Todos los que hemos aceptado nuestra relación con Él fuimos recibidos como hijos y tenemos derecho a la herencia que nos ha prometido en Cristo. Aquellos que sólo le conocen no son hijos son creación, pero los seres creados no tienen derechos de hijos porque no han entrado en la relación con el Padre.

Si usted aún no ha entrado en la relación de padre e hijo con Dios, aun está a tiempo de entrar en esa relación que Dios le ofrece para obtener las bendiciones según sus promesas. El que estemos dispuestos a cumplir con sus reglas y mandamientos establecidos en su palabra es una parte del Pacto entre padre e hijo, es muy importante que demostremos una consistencia en nuestras acciones diarias. Solo así podremos vencer y conquistar para vivir la vida plena, feliz que Dios quiere manteniendo un orden personal, espiritual y financiero que nos llevará al éxito. Para esto debemos creerle a él, a sus promesas, y seguir su voluntad y ejemplo de amor. Veamos que nuestro padre celestial nos dejó establecido en su palabra referente a este particular:

> *"3 Pues este es el Amor a Dios, que guardemos sus mandamientos; y sus mandamientos no son gravosos.*
> *4 Porque todo lo que es nacido de Dios vence al mundo; y esta es la victoria que ha vencido al mundo, nuestra fe.*
> *5 ¿Quién es el que vence al mundo, sino el que cree que Jesús es el hijo de Dios?*
> *6 Este es Jesucristo, que vino mediante agua y sangre. Y el espíritu es el que da testimonio; porque el espíritu es la verdad"*
> *1 Juan 5:3-6 (RVR1960).*

Es importante pedirle a Dios que nos de la sabiduría en cada momento de nuestras vidas. El Rey Salomón cuando fue coronado rey, él tenía la inquietud de tener sabiduría y entendimiento para poder gobernar a las personas en su Reino. Nosotros también podemos pedirle a Dios que nos dé esa sabiduría y entendimiento para manejar las posesiones y las riquezas que él nos ha confiado. También debemos recordar pedirle que nos otorgue discernimiento para comprender lo que es importante y relevante para hacer de manera adecuada y correcta para nuestras vidas. Veamos qué nos dice el Padre Celestial en relación a la sabiduría que hemos estado discutiendo:

> *"¿De qué sirve el precio en la mano del necio para comprar sabiduría,*
> *no teniendo entendimiento?*
> *Proverbios 17:16 (RVR1960).*

¿Porqué deseamos tener y poseer tantas cosas materiales? ¿Será para que esto ocupe toda nuestra mente y nuestro espíritu y sólo rinda adoración y gloria al señor dinero? ¿Por qué tenemos en nuestro corazón semejante inclinación hacia lo material y pasajero de la vida? ¿Será porque nuestra naturaleza pecaminosa no nos permite llegar a lugares en donde la esencia de Dios sea nuestro motivo de vivir? ¿Por qué no podemos controlar los sentimientos de ira y tristeza cuando las cosas materiales no nos salen de la manera que nuestra naturaleza humana consumista desea? ¿Por qué pensamos como el mundo corrompido por el culto a las modas y las costumbres que el ser humano ha elegido para llenar su vida de cosas temporales? Estas cosas aparentemente satisfacen las necesidades básicas y humanas de aquellas personas que sólo van detrás de algún tipo de satisfacción pasajera y corrompida.

Conformémonos con lo que Dios nos ha dado y no vivamos para tener cosas que no son necesarias porque estas traerán más cargas y problemas extrayendo la paz y la alegría de nuestras vidas.

¿Qué es lo que Dios ha querido darnos? ¿Para qué tratar de saciar nuestra vida diaria con cosas que no son necesarias? ¿Por qué queremos comer y consumir alimentos que nos podrían hacer más daño que bien? ¿Por qué no enfocarnos en comer las legumbres que el campo nos ofrece para tener una buena salud y alegría?

Dios ha establecido todo claro en su palabra, él ha sido directo, diáfano en su ley para que nosotros nos ciñamos a ella. Para que nuestras vidas sean llenas del Espíritu Santo, para que vivamos en santidad. Veamos los que Dios dice sobre este tema en su palabra:

> *Mejor es lo poco con el temor de Jehová, que el gran tesoro donde hay turbación. Mejor es la comida de legumbres donde hay amor, que de buey engordado donde hay odio.*
> *Proverbios 15:16-17 (RVR1960).*

¿Por qué nos envanecemos cuando tenemos tantas cosas materiales, cuando la belleza nos acompaña y la salud está rebosante en nuestras vidas? ¿Por qué tenemos un sentido de seguridad cuando tenemos el control y el poder financiero? ¿Por qué fijamos nuestros objetivos en esas etapas de nuestra vida? Si etapas son estas porque son temporadas, son tiempos que se cumplen, no necesariamente serán etapas que formen parte de nuestro futuro si no lo sabemos manejar ni mucho menos administrar, sino que serán eso sólo etapas de una época y un tiempo de crecimiento. Pero que mayor crecimiento que el que nosotros debemos de tratar de encontrar para nuestras vidas espirituales basándola en Cristo Jesús y su poder y su Reino por siempre.

¡Qué mejor inversión podemos hacer que el Reino de Dios y su justicia!

¿Por qué no comenzamos a invertir en este reino que es eterno? No conoce límites ni fronteras. Tiene grandes recompensas si sabemos cómo vivir cada día siguiendo la palabra de Dios, sus promesas y sus designios. Sólo así podremos alcanzar la verdadera felicidad y las posesiones que el Dios nos ofrece. ¡Qué maravillosa paz podemos tener si basamos nuestras vidas en las promesas de Dios! ¿Por qué no acercarnos a él y decirle Abba Padre, "Papá, por favor hazte cargo de mis necesidades y las de mi familia." El Padre se acercará y le dará el más fuerte de los abrazos para que sienta en su espíritu que él es el único y perfecto proveedor de todo lo que necesitamos para nuestras vidas y las vidas de nuestra familia. Veamos que nos dice el Padre en su palabra sobre esta discusión que hemos tenido:

> *"No confiéis en la violencia, Ni en la rapiña; no os envanezcáis; si se aumentan las riquezas, no pongáis el corazón en ellas"*
> *Salmo 62:10 (RVR1960).*

No pienses que con el dinero podrás comprar las bendiciones de Dios en tu vida, Dios no es un mercader que acepta intercambios para darnos bendiciones, Dios es justo, poderoso, recto, proveedor y un Padre amoroso que nos provee dones poderosos si él así lo quiere. Veamos que nos relata la palabra sobre cuando Simón quiso tener los dones de la imposición de manos y la poderosa unción del Espíritu Santo:

> 16 *Porque aún no había descendido sobre ninguno de ellos, sino que solamente habían sido bautizados en el nombre de Jesús.*
> 17 *Entonces les imponían las manos, y recibían el Espíritu Santo.*
> 18 *Cuando vio Simón que por la imposición de las manos de los Apóstoles se daba el Espíritu Santo. Les ofreció dinero.*
> 19 *Diciendo: Dadme también a mi este poder, para que cualquiera a quién yo impusiere las manos reciba el Espíritu Santo.*
> 20 *Entonces Pedro le dijo: Tu dinero perezca contigo, porque has pensado que el don de Dios se obtiene con Dinero.*

21 No tienes tú ni parte ni suerte en este asunto, porque tu corazón no es recto delante de Dios
Hechos 8: 16-21 (RVR1960).

Te habrás preguntado donde está escrita la parte en que comenzaré a escribir la manera de cómo y dónde invertir el dinero para que obtengas ganancias y los tipos de inversiones que puedes utilizar en tu plan de inversiones. Pues toda esta cantidad de información y pensamientos a los cuales yo he llegado tienen un apoyo bíblico y la palabra sostiene cada uno de ellos y los apoya. Ahora me dispongo a hablarte de la manera en que puedes invertir tu dinero con el objetivo de tener ganancias u rendimiento, pero ahora ya usted ya sabe que no debe poner su corazón en esta única parte, abandonando su vida personal y espiritual. Dios quiere algo grande de su vida, algo maravilloso, profundo y duradero. Dios le ama y quiere que tenga todo lo necesario de su provisión y que nada le falte. Si su relación con el Padre está basada en el amor y la entrega a Dios, él se encargara de ponerle en lugares altos para que siga demostrando que es capaz de manejar los tesoros y las bendiciones que él puede proveerle. Nunca piense en hacer daño a otros usando influencias o el poder que le brinda una posición o el dinero, Dios no se alegra de lo injusto, Dios es justo y misericordioso, no le quites a nadie lo que le pertenece, no oprima ni abuse a los menos afortunados o los menos fuertes. Veamos que nos propone Dios en su palabra Santa:

2"Codician las heredades, y las roban; y casas, y las toman; oprimen al hombre y a su casa, al hombre y a su heredad.
3 por tanto, así ha dicho Jehová: he aquí yo pienso contra esta familia un mal del cual no sacareis nuestros cuellos, ni andaréis erguidos; porque el tiempo será malo"
Miqueas 2:2-3 (RVR1960).

En el campo de invertir su dinero tenemos dos áreas que debemos examinar:

1- El análisis de las inversiones.
2- El manejo del portafolio.

La parte más importante de la valoración de las inversiones es la valoración de los activos financieros. El valor es una función del retorno o crecimiento del dinero y del riesgo o posibilidades de ganar o perder. Estos detalles son la parte fundamental para tomar las decisiones de donde y cuando invertir su dinero. Reconozco que el objetivo de los inversionistas es el de maximizar los retornos esperados (ganancias esperadas). El retorno es la fuerza que motiva en el proceso de las inversiones, esta es la recompensa por haber mantenido una inversión. Los retornos (ganancias) de las inversiones es la parte crucial para los inversionistas, esto es de lo que trata el juego de las inversiones. La medida de las ganancias realizadas o (históricas) es algo necesario para que los inversionistas puedan comprender cuán bien los agentes inversionistas han hecho por su parte. El retorno histórico tiene un papel preponderante en lo que es el estimado futuro de crecimiento en las inversiones en que podría invertir su dinero..

Crecimiento (Yield): El componente básico que viene a nuestras mentes al hablar del retorno de las inversiones es el flujo de efectivo periódico (ingreso) en las inversiones, siendo intereses o dividendos.

Capital Gains (Loss): Esta segunda parte es muy importante, mayormente para las acciones comunes (Common Stocks) pero también para los bonos a largo plazo y otras inversiones de ingreso fijo. Ese componente es cuando el precio del activo aumenta o disminuye. Comúnmente se conoce como ganancias de capital (Capital Gains) se refiere a los cambios de valores. En el caso de una posición (inversión) a largo plazo ocurre una ganancia o una perdida. Veamos la siguiente ecuación o figura algebraica.

Retorno Total= rendimiento+cambio de precio

Luego de ver estos conceptos técnicos que he tratado de simplificar tenemos una discusión de los tipos de inversiones para que su dinero tenga la oportunidad de aumentar.

Crecimiento esperado del portafolio:

El retorno de cualquier portafolio es fácilmente calculado como un promedio sopesado de los esperados rendimientos de las inversiones individuales. Los porcentajes del valor total del portafolio que serán invertidos en cada activo del portafolio se refiere a los pesos del portafolio, lo cual se muestra con una **w.** Los pesos combinados del portafolio son asumidos hasta sumar un 100% del total de los fondos invertidos, o 1.0, indicando que todos los fondos del portafolio eran invertidos. Veamos la ecuación:

$$W1+w2+...+w\,n=\sum w1=1.0$$

El peso del portafolio se basa en los porcentajes de los fondos invertidos en cada inversión, sumados hasta 1.0

Ejemplo: En un portafolio de cinco inversiones, cada inversión tendrá un peso del portafolio de 0.20. 0.20x5=1.00

Sé que estas ecuaciones donde muestro la manera de la valoración de los portafolios podrían parecer muy complejas de momento, pero sólo pretendo presentar una revisión básica y sencilla de los fundamentos esenciales que toda persona u inversionista o quien pretenda convertirse en un inversionista debería conocer al menos un poco. El que usted pueda conocer algo sobre cómo se valoran los portafolios de inversiones le brindará la seguridad necesaria de que cuando se enfrente a una oferta por parte de un profesional de las inversiones y planificación financiera usted comprenda con más claridad de lo que le esté hablando y podrá tomar decisiones más sabias.

Riesgo del portafolio:

La computación del análisis de las inversiones es para medir el riesgo de las inversiones y se hace midiendo la variación (o la desviación corriente o conocida como Standard) del retorno del portafolio exactamente como en el caso de cada inversión individual. Así emerge la teoría moderna del portafolio. El retorno esperado de un portafolio es el promedio del peso de los retornos esperados, el riesgo del portafolio (como medida de la variación de la desviación promedio) no es un peso promedio del riesgo de las inversiones individuales en un portafolio.

Reducción del riesgo (El principio de seguros):

Comenzaremos a ver cómo se pueden reducir los riegos de los activos en un portafolio de inversiones, asumiendo que todas las fuentes de riesgos posibles en un portafolio son independientes. Al ir añadiendo inversiones al portafolio la exposición a cualquier fuente de riesgo viene a ser pequeña. De acuerdo a la **ley de números grandes** la cual es una parte de las teorías del campo de manejos de riesgo y seguros, mientras más grande sea la muestra representativa, estará cerca del esperado valor de la población. La reducción del riesgo en el caso de las fuentes de riesgo independiente deben ser vistos como un principio de seguros, visto a través de la idea de que la compañía de seguros reduce sus riesgos suscribiendo muchas pólizas sobre muchas fuentes independientes de riesgo. Estamos asumiendo aquí que las tasas de retorno en inversiones individuales son estadísticamente independientes tales como las tasas de los retornos de las inversiones que no se afectan por otras tasas de retornos.

Diversificación:
El principio de seguros ilustra el concepto de intentar diversificar el riesgo en el portafolio (o cartera de inversiones) de los activos o (sus inversiones). La diversificación es la clave del manejo de riesgo del portafolio porque esto permite a los inversionistas el reducir significativamente el riesgo de su portafolio sin afectar el retorno de manera adversa. Tenemos dos tipos de diversificaciones, las hechas **al azar** y las **eficientes**.

Diversificación al azar:
La diversificación al azar o conocida como **espontánea,** se refiere a la acción sin verificar las características relevantes como lo son el retorno esperado de las inversiones y la clasificación de la industria en la que se invierte. Un inversionista simplemente selecciona un número grande de inversiones al azar. En la revista *Wall Street Journal* se ha mencionado una frase muy conocida que dice así: "Para seleccionar diferentes tipos de inversiones simplemente lance un dardo a la diana de acciones y valores" y así podrá comenzar a invertir. Claramente esto sería una acción muy riesgosa y más sin saber el historial y la información para este tipo de inversiones. No estoy a favor de este tipo de acción sino más bien de analizar la información y en base al conocimiento obtenido se puede tomar una decisión informada y seleccionar un portafolio que esté a la altura de nuestras características como inversionistas. Utilizando la información actual de las acciones en el mercado doméstico de los Estados Unidos para ilustrar una **diversificación espontánea** de esta manera se reduce en un 19% el riesgo. Según vayamos añadiendo inversiones al portafolio, el riesgo total asociado al portafolio baja rápidamente. Las primeras cantidades de acciones que usted adquiere en su portafolio causan una baja grande en el riesgo del portafolio, el 51% de la desviación promedio es eliminado mientras uno va de 1 a 10 inversiones individuales o acciones de diferentes compañías. Desafortunadamente los beneficios de la diversificación al azar no deben utilizarse mientras añadimos más posiciones de inversiones. Un mayor número de inversiones

no son necesarias para alcanzar una diversificación substancial.

La perspectiva global y la diversificación internacional: Nuestros análisis anteriores hablaban sobre una diversificación al azar en inversiones domésticas (hechas en compañías en los Estados Unidos) como lo son las acciones en el mercado de valores del New York Stock Exchange. Pero también tenemos que tomar en consideración el poder pensar en una estrategia de mercado global para invertir. Los Estados Unidos de América quizás sea el mercado más grande de inversiones, pero sólo representa la mitad de todos los valores del mercado de las acciones del mundo. La pregunta que todo inversionista debería de hacerse es la siguiente: ¿Qué efecto tendría en mi portafolio añadir acciones internacionales? Podríamos ver enseguida la potencialidad de la reducción del riesgo, esto claro poniendo a un lado la posibilidad del riesgo de invertir en países extranjeros por los riesgos consabidos de la moneda y los gobiernos, podríamos concluir que si la diversificación en el mercado doméstico es buena, la diversificación en los mercados internacionales sería mucho mejor. En diversos estudios empíricos (análisis de ejemplos) se ha comprobado una tesis y es que históricamente cuando añadimos acciones extranjeras a un portafolio bien diversificado se reduce la volatilidad. Para aquellos que no conocen la definición de esta palabra en el campo de las finanzas se refiere a cuan probable una acción o posición de inversión en el mercado pueda verse adversamente afectada comportándose de tal forma que **su precio fluctúa demasiado**. Los beneficios de la diversificación de invertir en los mercados internacionales ayudan a reducir el riesgo del portafolio. A través de la gama entera de los tamaños de los portafolios, el riesgo se reduce cuando comparamos las inversiones internacionales a las inversiones en los Estados Unidos, y notamos una diferencia fascinante de 1/3 parte menos. Usted se preguntará si es posible reconocer las mejores oportunidades de invertir en los mercados foráneos (extranjeros) o si necesita el consejo de un profesional en el campo de las inversiones que pueda ofrecerle la oportunidad de conocer, analizar y finalmente seleccionar las posiciones dónde colocar sus inversiones en ese mercado. Pues hay varias opiniones al respecto sobre si usted debería buscar a una persona o si usted debe prepararse y hacerlo por sí mismo. Yo me inclinaría personalmente a decirle a un inversionista principiante que cuando tome la decisión de comenzar a experimentar en cómo invertir en el mercado de valores primero consulte con Dios y le pida su dirección, luego con su cónyuge y su familia, ya que el dinero es patrimonio que nos ha sido dado por Dios para que lo administremos de manera sabia. Luego de ponerse usted de acuerdo, y haber pedido a Dios que le de la sabiduría, debería buscar una firma o compañía que le pueda dar una buena orientación que usted se sienta confiado de la preparación y en la experiencia de esos profesionales de las finanzas. El paso siguiente es abrir una cuenta de inversiones, conocida también como cuenta de corretaje en la cual usted depositará un dinero y de ahí en adelante usted moverá ese dinero para las diversas posiciones que usted seleccione comprar y participar en el ámplio mercado de valores doméstico o foráneo. Usted podrá preguntarle a su profesional de las inversiones cuan sencillo sería seleccionar las posiciones o inversiones en los mercados foráneos para ser añadidas a su portafolio doméstico. Cuando hablamos de un portafolio de inversiones en el mercado doméstico nos referimos al mercado aquí en los Estados Unidos de Norteamérica, a eso se refiere cuando usamos la palabra doméstico o sea en nuestro país y en nuestros límites territoriales.

Hemos podido aprender a base de la historia pasada que los mejores rendimientos de los mercados son diferentes año tras año. Los mercados emergentes en países como China, Japón y Corea, podrían producir buenos rendimientos en ciertos periodos y muy malos en otros. Como ejemplo podemos hablar de Japón. Cuando el mercado y sus inversiones tuvieron grandes retornos en la **década de los años 80,** luego en la década de los 90 los resultados fueron desastrosos. La historia también nos muestra que los rendimientos pasados no son predicciones para los rendimientos futuros. Por otro lado, los mejores rendimientos en el mercado de los Estados Unidos fueron entre los años 1995-1999 y esto creo una ola en esos años que los inversionistas querían estar para alcanzar las ganancias del mercado. (2) *Investments-Charles, John P.-Wiley-2002*

¿Cuántas posiciones de inversiones son suficientes para tener una adecuada diversificación?

Si tenemos una persona que tiene 20 posiciones o diferentes tipos de inversiones en un portafolio, el estándar por deviación (promedio) es una medida estadística que se utiliza para medir cuanto se mueven en porcentajes en relación a los rendimientos esperados y las circunstancias diversas que afectarán ese posible rendimiento incluyendo la cantidad de posiciones y la diversificación que usted haga en los mercados (3) *Investments-Charles, John P.-Wiley-2002* domésticos u foráneos en este ejemplo la desviación estándar bajó a un 21.7% y con 30 posiciones cambian la desviación estándar a sólo el 20.9%, es casi igual. Y según los años han pasado, le han hecho creer a los inversionistas que teniendo entre 15 a 20 posiciones de inversiones se provee diversificación adecuada, esta creencia tendrá que ser evaluada.

> *"Existe un estudio más reciente hecho por Campbell, Lettau, Malkiel y Xu entre los años 1962-1997 la volatilidad general del mercado no cambio mientras la volatilidad de las acciones individuales incrementó claramente durante esos años. La diversificación trajo beneficios porque las correlaciones de las acciones mostraban tendencias a decrecer. Este estudio sugiere que los inversionistas necesitan más acciones hoy en día para tener una adecuada diversificación.De acuerdo con la opinión de estos estudiosos se necesitarían ahora 40 posiciones o tipos de inversiones más que las previas 20. Otro estudio ha examinado los años de 1993-1999 y encontró que con un portafolio de 15 inversiones diversas, la probabilidad de un bajo rendimiento es alta, la meta del mercado para un 100% o más fue un 13.5%, un riesgo sustancial. Con un portafolio de 40 acciones, de todas maneras la probabilidad bajo sólo un 2.4%, y con 75 acciones es virtualmente un cero (0.2%). Poniendo las ventajas de la diversificación en una perspectiva diferente una de cada 6 acciones reflejaba un retorno total en exceso de un 300%. La posibilidad de que usted obtenga alguna de estas acciones con un mayor rendimiento se incrementa si se añaden más acciones al portafolio" (4)*
>
> *Investments-Charles, John P.-Wiley-2002*

Las inversiones de ingreso fijo

Los mercados de capital tienen inversiones de ingreso fijo y acciones, con tiempos de madurez mayores a un año. El riesgo es generalmente mucho más alto que en los mercados de capital debido al tiempo de madurez y a la naturaleza de las inversiones vendidas en los mercados de capital. Los mercados de capital ambos incluyen deuda (bonos) y acciones, y las acciones no tienen fechas de madurez.

Los bonos

Los bonos pueden ser descritos como instrumentos de deuda a largo plazo representando la obligación contractual del que emite el bono y el comprador de una emisión nueva de cupones de bonos, que presta dinero al que emite el bono, quien a la vez está de acuerdo en pagar intereses en ese préstamo y repagar el principal a una fecha de madurez establecida. Los bonos son inversiones de ingreso fijo porque los pagos de intereses, si corresponde y el repago del principal de un bono típico se especifica al momento en que se emite el bono y se fija por la vida del bono o el numero de años. Al tiempo de la compra, el comprador del bono conoce el futuro del flujo de efectivo o en otras palabras el pago que recibirá de intereses, para ser recibidos al comprar y mantener el bono hasta su madurez, cuando el principal ha sido repagado. Sin embargo si el comprador decide vender el bono antes de su madurez, el precio recibido dependerá del nivel de las tasas de interés a ese tiempo.

Las características de los bonos

El (Par value) o el valor nominal de la mayoría de los bonos es $1,000 (Mil) y usaremos ese número como la cantidad a ser repagada a la madurez, el bono típico madura o (termina) en una fecha específica y es típicamente conocido como un bono a término. Muchos bonos son cupones/bonos. Un cupón se refiere al interés periódico que el emisor paga al tenedor del bono; los intereses en los bonos típicamente se pagan semianual.

Una innovación radical en el formato de los bonos tradicionales es el bono del zero cupón, o (Zero Coupon Bonds) el cual es emitido sin cupones, o interés para ser pagado durante la vida del bono, el comprador paga menos del valor Par para los Zero Coupons y recibe el valor par a la madurez, este bono en otras palabras se está comprando a descuento. Las diferencias en estas dos (2) cantidades generan una tasa efectiva de interés, o un retorno de interés. Como en el caso de los *Treasury Bills* los cuales son efectivo. Los emisores de los *Zero Coupons* incluyen corporaciones, municipalidades, agencias de gobierno, y el Tesoro de los Estados Unidos.

Tipos de bonos

Bonos federales, agencias federales, municipales y bonos corporativos. Y existen variaciones entre cada uno de esos tipos. Los

bonos del gobierno federal para poder financiar sus operaciones a través del departamento del tesoro emite numerosas **notas y** bonos con una madurez mayor a un año, el gobierno de los Estados Unidos es considerado el de mejor riesgo de crédito por su poder para imprimir moneda, pero para propósitos prácticos los inversionistas no deben perder de vista que el gobierno federal no es infalible y podría algún día fallar en pagar sus obligaciones. Los inversionistas hacen estas inversiones con la esperanza de obtener un ingreso corriente de los intereses y además el poder obtener el *Face Value* o valor nominal de su inversión a su madurez o en otras palabras la inversión original.

Los **bonos del tesoro** generalmente maduran de entre 10 a 30 años, mientras los bonos pueden emitirse con cualquier madurez, los ***Treasury Bill*** se venden al valor par y se consiguen en grandes subastas, con inversionistas sometiendo ofertas de sus rendimientos. El pago de los intereses o cupones son pagados dos veces al año. Las denominaciones son desde $1,000 y llegan al $1,000,000 de dólares. Desde el 1997 el tesoro ha estado vendiendo **TIPS** o (Treasury Inflation Indexed Securities) o bonos del tesoro que están ganando más intereses y a la vez esto ayuda a superar los problemas que trae la inflación a las personas que intentan tener un buen fondo de inversiones para su futuro retiro y además les protege su inversión de la deflación ya que garantiza el principal a su madurez, aunque los precios de todo hayan caído en la economía, la madurez de estos instrumentos de inversión fluctúa entre 2 a 29 años.

Bonos de las agencias de gobierno

Desde la década de los años 20, el gobierno creó ciertas agencias de gobierno que ayudarían a ciertos sectores de la economía brindando préstamos o garantizando préstamos privados, estas agencias de crédito competían por los fondos del mercado vendiendo bonos de las agencias de gobierno. Hay dos tipos de agencias federales de crédito:

*Agencias federales de crédito.
*Agencias de crédito auspiciadas por el gobierno federal.

Legalmente las agencias federales son parte del gobierno federal, las inversiones que emiten son completamente garantizadas por el Tesoro de los Estados Unidos. La agencia más importante para los inversionistas es la Asociación Nacional de Hipotecas conocida como "Ginnie Mae". Las agencias privadas que son auspiciadoras de las agencias de crédito son instituciones privadas que venden sus propias emisiones en el mercado para levantar fondos con el fin de propósitos específicos. Pero esas agencias tienen el derecho de tomar fondos prestados del Tesoro hasta cierta cantidad, pero sus emisiones no están garantizadas por el gobierno. Este mercado incluye: la Asociación Federal de Hipotecas Nacionales, la casa de préstamos hipotecarios federales, el banco de hipotecas federales (FNMA) el sistema de crédito para las granjas, la asociación de mercadeo de préstamos para estudiantes. La asociación federal de hipotecas nacionales, y la asociación nacional gubernamental de hipotecas, y la corporación federal de préstamos de viviendas (Freddie Mac) emiten y garantizan emisiones respaldadas por hipotecas convencionales compradas por personas o prestamistas. Estas emisiones, respaldadas por hipotecas, son parte del rápido y creciente mercado de emisiones de ingreso fijo conocidas como emisiones respaldadas por activos respaldados con valores de inversiones en papel las cuales pagarán intereses.

Valores municipales

Éstos bonos son vendidos por los estados, países, ciudades, entidades políticas (autoridad de los puertos, distritos escolares), el gobierno federal y sus agencias y son llamados bonos municipales. Hay alrededor de 50,000 diferentes tipos de emisiones con alrededor 1.5 millones de emisiones cuyo crédito fluctúa entre muy bueno a sospechoso. Los riesgos varían ampliamente, la posibilidad de que no se cumplan los términos de pagos es favorable y si se cumplen se comparan con los bonos corporativos. Dos tipos básicos de valores municipales son los bonos de obligaciones generales, los cuales son respaldados por la credibilidad y el crédito del emisor, y bonos de "Revenues" o ganancias que producen ciertos servicios.

Los cuales son repagados de las ganancias generadas por el proyecto que vendieron o financiaron. (Ejemplos: los peajes, mejoras a los aeropuertos) En el caso de los bonos de obligaciones generales, el emisor puede pedir los impuestos (taxes) a los residentes para pagar los intereses y el principal. En el caso de los bonos de ganancias (revenue), el proyecto debe generar suficiente ingreso por el servicio que presta. La mayoría de los bonos municipales son vendidos como bonos en serie, los cuales significan que un número específico de la emisión original madura cada año hasta la fecha de madurez final. Por ejemplo una emisión de serie a 10 años puede tener un 10% de la madurez de la emisión cada año por los próximos 10 años. La característica distintiva de la mayoría de los bonos municipales es que son exentos de los impuestos federales (taxes). Porque por esta característica, la tasa estatal en estos bonos será más baja que en otros bonos no exentos. Mientras más alta la tasa de taxes (impuestos) más atractivos resultan los bonos municipales. Para que el retorno en estos bonos sea comparable con aquellos bonos que pagan impuestos (taxes) la tasa de rendimiento equivalente podría ser calculada. Nos muestra la tasa de interés en los bonos que pagan impuestos o (taxes) necesarios para proveer un rendimiento después de los taxes igual a aquellos de los municipales. La tasa equivalente para cualquier bono municipal y cualquier tasa marginal puede ser calculada usando la siguiente fórmula:

$$\textit{Rendimiento tributario equivalente} = \frac{\textit{Exención Municipal}}{\textit{1-tasa de Impuestos (Taxes) marginal}}$$

Bonos corporativos

Muchas de las compañías emiten <u>bonos corporativos</u> para ayudar a financiar sus operaciones. Muchas de esas firmas tienen más de una emisión disponible. Compañías como Coca Cola y Ford Motor Corp. tienen muchos bonos emitidos listados en las páginas del New York Stock Exchange del *Wall Street Journal*. También el inversionista puede encontrar una alta variedad bonos en término, cupones y características disponibles de las corporaciones, el bono típico de una corporación madura entre 20 a 40 años, paga intereses semi anuales, son Callable (se pueden cobrar antes de término) y son de $1,000 dólares. Los bonos corporativos son valores mayores, sobre cualquier acción preferida y las acciones comunes de una corporación en términos de la prioridad de los pagos y en el caso de bancarrota y liquidación. Sin embargo las categorías de bonos tienen varios grados de seguridad. El tipo de bono más común no asegurados son los <u>Debentures,</u> un bono respaldado por las finanzas de la compañía.

Bonos convertibles

Tienen una característica de conversión en otras palabras se pueden cambiar o convertirse en acciones de la compañía. Los tenedores de estos bonos tienen la opción de convertir lo que ellos elijan. Típicamente los bonos retornan a la corporación en intercambio por un número específico de acciones comunes, que no requieren pagos de efectivo. Los bonos convertibles tienen dos valores simultáneos; un valor de ingreso fijo y otro que paga un interés específico y se valora como las acciones comunes; estas se hacen muy valiosas a medida que el precio de las acciones comunes aumentan. Los precios de los bonos convertibles pueden variar grandemente dependiendo en donde son vendidos, estos, típicamente como cualquier otro valor o inversión de ingresos fijos son negociados para reflejar el precio de las acciones comunes. Los bonos corporativos conllevan el riesgo de que falle el emisor.. Dos agencias de valoración (Rating), Standard & Poors (S&P) Corp. Y Moody's Investors Service Inc., proveerán a los inversionistas valoraciones de los bonos. Esta es la opinión corriente de la calidad relativa de la mayoría de las corporaciones grandes y los bonos municipales, también como el papel comercial. Hay compañías que pueden rendir opiniones objetivas de la calidad relativa de los valores o inversiones. Analizando las emisiones en gran detalle, las firmas de valoración llevan a cabo el análisis del crédito de las compañías que invierten los inversionistas. Las valoraciones de los bonos por Standard & Poor's consistirá de valoraciones que fluctúan desde AAA, AA, A, BBB, BB,B hasta el D. Las cartas correspondientes a Moody's son AAA, AA, A, BAA, etc. hasta D. Los signos más o menos pueden ser usados para proveer valoraciones detalladas en una categoría dada.

Tasas de rendimientos de los valores de ingreso fijo

Las tasas de interés de los valores o inversiones de ingreso fijo fluctúan ampliamente sobre los años según cambian las expectativas inflacionarias y las condiciones de la demanda y la oferta para los fondos (dinero) a largo plazo. Cómo debemos esperar en la base del riesgo (cuan probable pueda ser que pierda o gane dinero) y retorno (cuan probable sea el porcentaje de la tasa de ganancias o crecimiento) las tasas de los bonos corporativos superan las tasas del tesoro, por su posible riesgo de fallar en pagarlos, cuando hablamos de exceder las tasas corporativas del pago de intereses, es cuando las compañías pagaran mas altos intereses para atraer a los inversionistas a invertir en bonos corporativos. Y bajan la valoración del rendimiento corporativo más que hacer una valoración alta de los bonos, en otras palabras los bonos quizás no sean tan cotizados pero ofrecen una tasa de interés bastante atractiva a los inversionistas. La tasa del bono municipal es más baja que todas las otras tasas, pero debemos recordar que esto es una tasa después de los impuestos. Para hacer esto comparable, los rendimientos de los bonos municipales deberían ser ajustados a un rendimiento equivalente al de los impuestos. Los inversionistas pueden obtener información diaria en las tasas disponibles en los valores de ingreso fijo en los mercados de crédito en la sección del *Wall Street Journal.*

Acciones preferidas

Técnicamente un valor de equidad como lo es una acción preferida es conocido como un valor híbrido porque esto demuestra acciones e instrumentos de ingresos fijos. En otras palabras una mezcla. Las acciones preferidas tienen vida infinita y pagan dividendos. Las acciones preferidas representan valores de ingresos fijos en los cuales los dividendos son fijos en cantidades y es conocido por adelantado, proveyendo una cantidad de ingreso muy similar de aquellos en los bonos. La diferencia es que el ingreso continúa para siempre, o hasta que la emisión es llamada o retirada.

La fluctuación en los precios de las acciones preferidas muchas veces exceden (van por encima) de los bonos. Los accionistas preferidos se les paga después de los bonistas pero antes que las acciones comunes, en términos de prioridad de pagos de ingresos y en caso de que la corporación sea liquidada. En otras palabras que la compañía desaparezca. Sin embargo, los dividendos de las acciones preferidas no están legalmente incluidos pero serán llevado a votación en cada periodo por la junta de directores de la corporación. Si el emisor de las acciones falla en pagar los dividendos en cualquier año, los dividendos no pagados tendrán que ser pagados en el futuro antes que los dividendos de las acciones comunes puedan pagarse, si la emisión es acumulativa.

Más de un tercio 1/3 de las acciones preferidas que se vendieron en años recientes se pueden convertir en acciones comunes a la opción del dueño. Una gran cantidad de las acciones que están disponibles tienen una tasa preferida que es variable; esto es que la tasa de dividendos se ajusta a las tasas de interés del mercado corriente. Otras formas de acciones preferidas incluyen tasas preferidas en subastas. Un tipo de tasa flotante preferida donde el dividendo es establecido por subastas cada 49 días. Una nueva tendencia en esta área es un valor o inversión híbrido combinando características de acciones preferidas y bonos corporativos. Estos valores híbridos están disponibles en las casas de inversiones bajo varios acrónimos, tales como MIPS y QUIPS (Monthly Income Preferred Securities) (Quarterly Income Preferred Securities) emitidos por Goldman Sachs. Muchos son vendidos en el NYSE (New York Stock Exchange), ofrecen dividendos mensuales o trimestrales considerablemente mayores que los rendimientos de los bonos corporativos.

Son valorados como riesgo de crédito, y tiene madurez en el rango de 30-49 años. Los híbridos son sensitivos para los cambios en las tasas de interés y podrían tener la opción de cobrarse antes de su término (Callable); este también paga un dividendo fijo por cinco años.

Acciones comunes

Representa tener un interés como dueño en las corporaciones, o ser dueños de una fracción del capital (Equity), tener participación con los accionistas, y nosotros podemos usar el término valores de capital de manera intercambiable. Si las acciones de las compañías están en manos de unos pocos individuos la firma será conocida como una cerrada (Closely Held) muchas compañías eligen el hacerse públicas; esto es, venden sus acciones comunes al público en general. Esta acción es tomada primeramente para permitir a la compañía levantar capital adicional más fácilmente. Si la corporación alcanza ciertos requerimientos, este caso se presenta si eligen estar listados en uno o más mercados, como el NYSE New York Stock Exchange, NASDAQ y otros. Como comprador de 100 participaciones de acciones comunes, un inversionista compra 100/n % de la corporación (Donde *no* es el numero de las participaciones de las acciones comunes corrientes) como los reclamantes residuales de la corporación, los accionistas son nombrados al ingreso remanente o sea al ingreso sobrante después que los reclamantes del ingreso fijo o bonistas hayan sido pagados (incluyendo accionistas preferidos); también en caso que una corporación sea liquidada ellos son considerados los dueños de los activos remanentes después de todas las otras reclamaciones. Incluyendo satisfacer las acciones preferidas. Como dueños los tenedores de las acciones comunes están autorizados a elegir los directores de la corporación y votar en las reuniones para trabajar con las preocupaciones mayores de la corporación. A cada dueño se le permite votar según el número de acciones que posea por cada director electo. Estos votos se llevan a cabo una vez al año en la reunión anual de la corporación, la cual cada tenedor de acciones le está permitido asistir.

Los accionistas tienen también responsabilidad limitada, significa que ellos no perderán más de lo que han invertido en la corporación. En el evento de dificultades financieras los acreedores o cobradores tendrán acceso a los recursos sólo para los activos de la corporación, dejando protegidos a los accionistas. Esto es quizás una ventaja grande para la corporación y la razón por la cual ha sido exitosa.

Características de las acciones comunes

El **valor nominal** establecido (Face Value) para las acciones comunes no son como un bono o una acción preferida; no tienen una variable económica significativa. Las corporaciones pueden hacer que el valor nominal sea el número que ellos elijan. Por ejemplo el valor nominal (Par Value) de Coca Cola es .25¢ por acción, un valor nominal muy utilizado es $1.00 (un dólar). Muchas corporaciones emiten acciones sin valor par. Nuevas acciones muchas veces son emitidas por mucho más que el valor nominal. Con la diferencia registrada en la hoja de balance como capital en exceso del valor nominal. El valor de los libros (Book Value) de una corporación es el valor contable del capital asentado en los libros. Esta es la suma de las acciones comunes que están al día, capital en exceso del valor nominal y las ganancias retenidas. Dividiendo esta suma, el valor total en los libros, por el número de las acciones comunes, al día produce el valor del libro por acción. El valor de los libros es el valor contable de la equidad (acción) o lo que tienen los accionistas. Mientras que el valor de los libros por acción juega un rol en las decisiones de las inversiones, el valor de mercado por acción es la parte crítica del interés de los inversionistas. El valor de mercado (precio) de la acción es la variable de preocupación para los inversionistas. El valor de mercado agregado para la corporación, calculado multiplicando el precio del mercado por la participación de la acción por el número de acciones válidas y corriente, representa el valor total de la firma determinado por el mercado. El valor de mercado de una participación de una acción es simplemente el precio del mercado. Al momento de la observación del valor de los libros de la acción de la compañía Ford Motor el precio del mercado era $13.00 veamos este caso y la información que acompaña a esta reconocida compañía Norte Americana que he decidido utilizar como ejemplo para este capítulo de las acciones, rendimiento y comportamiento en el mercado. Usted verá mucha información estadística en este análisis, y pensará como puede analizar esta información y de qué manera la utilizará para su beneficio, por ahora sólo observe cada parte, lea y se irá familiarizando con la misma, de esa manera le será más fácil y útil entender la información si decide hacer este tipo de inversiones algún día.

Ford Motor Company
Último precio de la acción $13.00
Cambio del Dda en 03/05/2010
0.21 | 1.64
%
Después de horario: 12.98 -0.02 | -0.15% Desde el viernes 03/05/2010 7:59 PM EST | USD

Precio de apertura $12.92	Promedio del día 12.83-13.04	Rango a 52 semanas 1.65-13.04	Rendimiento proyectado --	Capitalización de mercado 44.5 bil	
Volumen 106.9 mil	Volumen promedio .98.1 mil	Forward P/E 12.0	P/B --	P/S 0.3	P/CF 2.5

Precios de las acciones...
03/01/2010 – 03/05/2010
Zoom: 1D 5D 1M 3M YTD 1Y 3Y 5Y 10Y Max (dias, meses y años)

XNYS:F:+1.26 | 10.73%

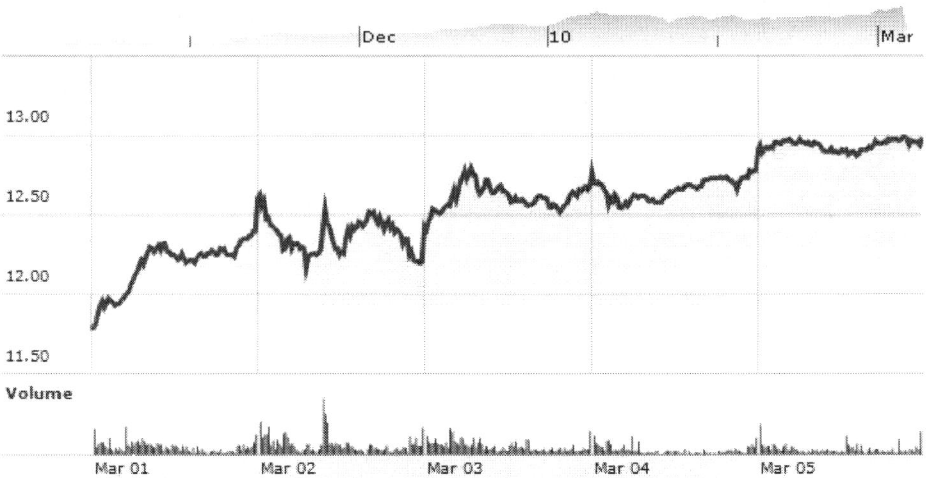

Detalles de la compañía ...¿

¿A qué se dedica esta compañía?

Ford Motor Company manufactura automóbiles bajo las marcas Ford, Lincoln, Mercury, Volvo, y Mazda. La compañía tiene un 16% de su participación en el marcado Estado Unidense. Y un 10% de su participación en Europa. Las marcas Ford, Lincoln, y Mercury, Las ventas en Norte América, Europa, y Sur América hacen un 41%, 30%, y 7% de las ganancias del 2008, respectivamente. El ingreso antes de los impuestos en el mercado de los autos en Norte América no ha sido positivo desde el 2004. Ford cuenta con 200,000 empleados y su base esta en Dearborn, Michigan.

Estadísticas Claves

	Acción	Indice promedio	Relativo a la industria
Price/Earnings TTM	15.1	---	
Price/Book	---	1.6	
Price/Sales TTM	0.3	0.4	
Rev Growth (3 Yr Avg)	-9.6	-1.4	
EPS Growth (3 Yr Avg)	---	-9.6	
Operating Margin % TTM	-2.4	0.0	
Net Margin % TTM	2.3	1.5	
ROE TTM	---	4.7	
Debt/Equity	0.0	1.0	
			– Avg +

Datos Financieros...

	Annual			**Quarterly**	
	2007	2008	2009	12/2008	12/2009
Estado de ingresos					
Ganancias	172,455	146,277	118,308	29,192	35,449
Ingreso de operaciones	8,031	-4,130	-2,824	-2,450	760
Ingreso neto	-2,723	-14,672	2,717	-5,976	886
Ganancia por acción	-1.38	-6.46	0.91	-2.57	0.28
Promedio de acciones diluídas	1,979	2,273	2,992	2,386	2,963
Estado de situación financiera					
Activos corrientes	178,182	147,635	150,131	147,635	150,131
Activos no corrientes	101,082	70,693	44,719	70,693	44,719
Total de activos	279,264	218,328	194,850	218,328	194,850
Deudas corrientes	76,779	110,829	61,193	110,829	61,193
Total de deudas	273,636	235,639	202,670	235,639	202,670
Acciones en manos de los accionistas	5,628	-17,311	-7,820	-17,311	-7,820
Flujo de efectivo					
Efectivo de las operaciones	17,098	-179	16,042	-3,448	412
Gastos de capital	-6,022	-6,696	-4,561	-1,821	-1,170
Flujo de efectivo corriente	11,076	-6,875	11,481	-5,269	-758

En millones excepto "ganancias por acción". Monedas en dólares estadounidenses.

Dividendos...

Dividendos recientes

Fecha	Tipo	Cantidad
07/31/06	Dividendo en efectivo	0.0500
04/28/06	Dividendo en efectivo	0.1000
01/26/06	Dividendo en efectivo	0.1000
10/28/05	Dividendo en efectivo	0.1000

Opciones de compra

Inversión directa	Si
Plan de reinversión de dividendos	Si

Competidores de la Ford...

Nombre	Precio	% Cambio	TTM Ventas en millones $ mil
Ford Motor Company	$13.00	1.64	112,996
Toyota Motor Corporation	$76.94	2.02	204,248
Daimler	$45.05	3.63	158,846
Nissan Motor	$15.85	1.28	94,941

Honda Motor Company	$35.15	0.95	94,256
Tata Motors Ltd.	$18.56	4.39	15,677

Fondos mutuos que invierten en la FORD

Nombre	**% Acciones Held**	**% Total de Activos**	**Morningstar Rating**
Hartford Capital Appreciation A	2.36	4.11	★★★
Janus Overseas T	1.32	4.06	★★★★
CGM Focus	1.29	9.09	★★
Vanguard 500 Index Investor	0.92	0.33	★★★
Vanguard Total Stock Mkt Idx	0.82	0.23	★★★

Wall St. Recomendaciones...

Corriente	1.6
3 Mo Ago	1.8
6 Mo Ago	1.9
1 Yr Ago	2.2

Total Analysts: 15

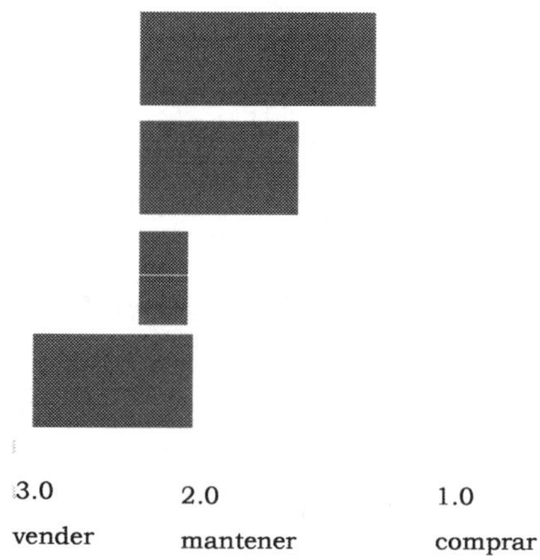

En su rango, Los dividendos son los únicos pagos regulares en efectivo hecho por las corporaciones a sus accionistas. Ellos fueron decididos y declarados por la junta de directores y rondan entre 0 a cualquier cantidad que la corporación pueda pagar aproximadamente ¾ partes de las corporaciones listadas en el NYSE pagan dividendos. (5) Morningstar Inc.-S&P 500 Index Data-2010

El accionista común no tiene promesas específicas para recibir algún dinero en efectivo de la corporación, las acciones nunca maduran y los dividendos no tienen que ser pagados. Mientras que las acciones comunes envuelven riesgo sustancial porque el dividendo es a la discreción de la compañía y los precios de las acciones típicamente fluctúan corrientemente, lo que significa que el valor que reclamarán los inversionistas puede subir y caer rápido en un tiempo relativamente corto.

El rendimiento de los dividendos es el componente de ingreso del rendimiento de las acciones establecido en una base del porcentaje. Este es uno de los dos componentes del retorno total. Es calculado en los pasados doce meses recientes y dividido por el precio corriente del mercado._

La proporción de pago Es el (ratio) de los dividendos o ganancias, indica el porcentaje de las ganancias pagadas en efectivo de la firma a los accionistas. Los dividendos tradicionalmente son declarados y pagados cada tres meses, algunas firmas han cambiado sus pagos a un pago anual. Para recibir un dividendo declarado, un inversionista debe tener los registros en la fecha específica en que la compañía cierra los libros de las transferencias de acciones y compila la lista de los tenedores de acciones para ser pagadas.

Sin embargo, para evitarle problemas a la industria de corretaje se ha establecido un procedimiento de declarar el derecho del dividendo quedándose con las acciones cuatro días antes del día en que se lleva un registro de los dividendos de las acciones y cuando se dividen las acciones esto atrae una considerable atención de los inversionistas. El dividendo en las acciones es un pago en acciones y no en efectivo. Una división de acciones envuelve la emisión de un largo número de acciones en proporción a las acciones existentes. Con una división de las acciones el valor de los libros y el valor par de la equidad son cambiados: como ejemplo cada acción se divide por la mitad con una división de dos por uno. Hay una pequeña diferencia entre el dividendo de la acción y la división (Split) de la acción. Debemos hacernos una pregunta muy importante como inversionistas, si el valor de las distribuciones los dividendos y las divisiones o (splits) de las acciones en realidad son de más valor? Si el tener esta equidad (acción) no ha cambiado en verdad esto no representa ningún valor adicional. Las piezas de papel o los certificados de acciones han sido re-empacados.

Como ejemplo:
Si usted adquiere 1,000 acciones de una corporación que tiene 100,000 acciones al día su adquisición proporcional es el 1% . pero usted tiene ahora 2,000 acciones de un total de 200,000 acciones al día. Si usted fuera a vender sus nuevas acciones su adquisición proporcional se cortaría a la mitad. Pero también se ha visto que después de una división de acciones estas tienden a subir y aumentar su rendimiento alrededor de un 8% y este

efecto continúa por los siguientes tres años. Es típico que el dividendo aumente esto al momento de la división de las acciones de por si tiene un efecto positivo. Esto sugiere que la gerencia envía señales con los dividendos y las divisiones de las acciones de que ellos están confiados sobre las futuras inversiones lo que ayuda a levantar la confianza de los inversionistas en la corporación. El P/E ratio o la proporción de la medida multiplicadora de las ganancias es calculado como la medida del precio de mercado de las ganancias de la firma. Esto es una indicación de cuanto, como un todo, el mercado es capaz de pagar por dólar las ganancias.

Inversiones en Fondos Mutuos

Estas son compañías de inversiones abiertas, son compañías administradas y conocidas como **Fondos Mutuos** continúan vendiendo participaciones a los inversionistas después de la venta inicial del fondo. La capitalización cambia continuamente según nuevos inversionistas compran participaciones y otros existentes las venden en efectivo vendiendo sus participaciones de vuelta a la compañía. Los fondos mutuos típicamente se compran de esta manera:

1- Directamente de una compañía.
2- Indirectamente de un agente de ventas, incluyendo firmas de inversiones, bancos, firmas de seguros y planificadores financieros.

Los fondos mutuos están afiliados a una persona que hace su validación el cual tiene el derecho exclusivo para distribuir las participaciones de los inversionistas. también son distribuidas las participaciones a través de las firmas de corretaje. Los fondos mutuos son corporaciones típicamente formadas por una firma de consejería financiera que selecciona una junta de directores para la compañía. Los fiduciarios contratan una compañía gerencial separada normalmente, una compañía de consejería financiera. La firma consejera de inversiones maneja el fondo. La compañía gerencial es contratada por la compañía inversionista para llevar a cabo la investigación necesaria para manejar el portafolio y para manejar la presión administrativa, por lo cual reciben un pago. Dadas las economías de escala en el manejo de portafolios los gastos aumentan mientras los activos bajo manejo aumentan, pero no a la misma tasa que las ganancias. Los fondos mutuos son la forma más popular de inversión para el inversionista típico. Una razón es que el mínimo de inversión para la mayoría de los fondos es pequeña. Dos terceras 2/3 partes de los fondos requieren $1,000 (mil dólares) o menos para que un inversionista pueda comenzar. Los dueños de las acciones de los fondos mutuos pueden vender estas en cualquier momento que ellos quieran hacerlo, el fondo mutuo está legalmente obligado a redimirlos. las acciones existentes se rediman al NAV (Net Asset Value) esto quiere decir al valor neto del activo. La participación es computada diariamente calculando el valor total del mercado de los valores en el portafolio restando cualquier pago por la compra y dividiéndolo por el número de acciones en el fondo de la compañía corrientemente disponibles. El valor neto del activo es el valor por participación del portafolio por los valores retenidos por la compañía de inversión; esto cambia durante el año según los valores cambian y según el valor de los ingresos es recibido. Hay dos tipos mayores de fondos mutuos estos son:

1- Fondos mutuos del mercado de dinero (a corto plazo)
2- Fondos de acciones y bonos e ingresos (fondos a largo plazo)

Una gran innovación en la industria de las inversiones es la creación y el crecimiento de los fondos del mercado (Money Market Funds) los cuales son de compañías abiertas donde sus portafolios consisten de instrumentos de dinero en el mercado. Creados en el año 1974 cuando las tasas de interés estaban en niveles altos los fondos de dinero en el mercado (MMF) creció rápidamente cuando los inversionistas querían ganar las tasas altas a corto plazo sin embargo con la desregulación la competencia se incrementó dramáticamente para los ahorros a corto plazo de los inversionistas. Los (MMDA) Money Market Deposit Accounts pagan tasas competitivas y están aseguradas, y han atraído grandes cantidades de fondos. Para enero del 2001 había 1.9 trillones de dólares en activos en esos fondos. Los fondos del mercado de dinero pueden dividirse en fondos que tributan y los fondos exentos de tributación. Aproximadamente el 85% de estos activos son en fondos tributables. Los inversionistas con altas tasas de tributación podrían comparar cuidadosamente el rendimiento comparable tributable en un fondo de dinero exento de tributación. Los fondos de dinero del mercado MMF tienen activos tales como Treasury Bills, certificados de depósito negociables, y papel comercial de primera.

Algunos fondos sólo tienen instrumentos del mercado de dinero a corto plazo. El promedio del tiempo de madurez de un fondo del mercado de dinero fluctúa entre un mes a dos meses. Las regulaciones de la comisión de intercambio de valores limitan el promedio máximo de madurez a 90 días. Los fondos del mercado de dinero proveen a los inversionistas la oportunidad de ganar las tasas que aumentan mientras disfrutan una mayor diversificación y una gran liquidez. Las tasas son variadas y cambian con las condiciones del mercado. Los fondos del mercado de dinero MMF no están asegurados. Los bancos de inversión y las casas de cambio hacen énfasis en ese punto para competir por fondos del mercado de dinero para los ahorros de los inversionistas.

Fondos de acciones y bonos, fondos de ingreso

La junta de directores (Fiduciarios) de una compañía de inversiones deberá especificar los objetivos para que la compañía pueda incorporarlo en su política de inversiones. Las compañías tratan de seguir una política de inversión consistente, de acuerdo a sus objetivos específicos. Los inversionistas compran fondos mutuos a base de sus objetivos.

Veamos esta tabla para comprender mejor los diversos tipos de fondos mutuos que existen en el mercado.

Fondos de acciones
Fondos de crecimiento agresivo=buscan el máximo crecimiento de capital, invierten en nuevas compañías, y tienen mucho riesgo.
Fondos de crecimiento=buscan crecimiento de capital, invierten en compañías que sean bien establecidas y firmes financieramente.
Fondos de crecimiento e Ingreso=persiguen el crecimiento de capital a largo plazo y el ingreso corriente. Invierte en acciones comunes de compañías las cuales han incrementado en valor y han demostrado un sólido registro de pago de dividendos.
Fondos en metales preciosos/Oro=persiguen el crecimiento de capital. Sus portafolios son invertidos en valores asociados con el oro y otros metales preciosos.

Fondos internacionales=buscan el crecimiento en el valor de sus inversiones. Sus portafolios están invertidos primariamente en acciones de compañías localizadas fuera de los Estados Unidos.

Fondos de acciones globales=buscan crecimiento en el valor de sus inversiones. Ellos invierten en acciones intercambiadas a través del mundo, incluyendo aquellas de los Estados Unidos de Norte América.

Fondos de ingreso y de acciones=buscan un alto nivel de ingresos, invirtiendo en Acciones de compañías con un buen registro de pago de dividendos.

Fondos de bonos e ingresos

Fondos en portafolios flexibles=permiten que los manejadores de los fondos el anticipar o responder a los cambios de las condiciones del mercado al invertir en instrumentos tales como acciones, bonos, o instrumentos del mercado de dinero, dependiendo de los cambios económicos.

Fondos balanceados=persiguen el conservar el principal del inversionista, pagan ingreso corriente y persiguen el crecimiento a largo plazo de principal e ingreso, su portafolio es una mezcla de bonos, acciones preferidas y acciones comunes.

Fondos de ingreso mixto=buscan un alto nivel de ingresos. Estos fondos invierten en valores que producen ingreso, incluyendo acciones y bonos.

Fondo de ingreso y bonos=busca un alto nivel de ingreso corriente. Estos fondos invierten en una mezcla de bonos corporativos y gubernamentales.

Fondos de ingreso del gobierno de los Estados Unidos=busca el ingreso corriente, invierte en valores del gobierno, bonos del tesoro, valores que invierten en hipotecas y otras notas del gobierno.

GNMA=el fondo busca un alto nivel de ingresos, mayormente invierten en valores de hipotecas respaldados por la asociación nacional gubernamental de hipotecas.

Fondos de bonos globales=busca un alto nivel de ingresos, invierte en valores de deudas de las compañías en países alrededor del mundo.

Fondos de bonos corporativos=busca un alto nivel de ingresos, la mayoría de su portfolio se invierten en bonos corporativos, con balance en los bonos del tesoro de los Estados Unidos, o bonos emitidos por una agencia federal.

Fondos de bonos de altos rendimientos=buscan un alto rendimiento, pero tienen un mayor riesgo que los bonos corporativos. La mayoría de sus portafolios son invertidos en bonos corporativos de baja cotización.

Fondos de bonos nacionales municipales a largo plazo=buscan ingreso no tributable al gobierno federal, ellos invierten en bonos emitidos por los estados y municipalidades para financiar escuelas, autopistas, hospitales, puentes y otros trabajos municipales.

Fondos de bonos estatales, municipales a largo plazo=buscan ingresos exentos en el plano federal y estatal para residentes del estado invierten en bonos emitidos en el estado.

Fondos del mercado de dinero tributables=buscan mantener estable el valor del activo neto, estos fondos invierten a corto plazo en valores de alto grado en los mercados de dinero como las notas del tesoro (Treasury bills) , certificados de depósito de bancos grandes, y papel comercial. El promedio de madurez de estos portafolios está limitado a 90 días o menos.

Fondos exentos del mercado de dinero nacional=buscan ingreso que no sea tributable en el gobierno federal con riesgo mínimo. Ellos invierten en valores municipales con una corta madurez relativa.

Fondos exentos del mercado de dinero estatal=busca ingreso que sea exento de tributación estatal y federal para los residentes de dicho estado. Ellos invierten en valores municipales con una corta madurez y son emitidos por un solo estado.

Hemos discutido una serie de instrumentos que están disponibles en nuestra economía y que han estado desde hace mucho tiempo disponibles para millones de inversionistas alrededor del mundo. Estos instrumentos han sido creados por personas e instituciones para ofrecer una serie de alternativas en las cuáles las personas puedan tener la oportunidad de hacer que su dinero crezca y así poder construir sus planes de retiro y poder cubrir sus necesidades de vida y la de sus seres queridos a corto, mediano y largo plazo. Este libro no pretende hacer ningún tipo de consejería en particular más bien trata de persuadir a quienes lo lean de tomar la decisión más importante de sus vidas en el plano espiritual y personal, de aceptar que hay un Cristo que hizo una obra completa para proveer nuestras necesidades pero que también debemos ser buenos mayordomos y tener un control y un plan personal para nuestras vidas. Nuestra primera prioridad debe ser nuestra relación con Él y permitir que Él nos guíe en nuestras finanzas personales. Los hombres y las mujeres son mejores administradores cuando se someten a Dios y se dejan guiar por los proverbios de la palabra de Dios. Éstos son muy claros y fáciles de seguir cuando uno deposita su confianza en el Dios todopoderoso que guía, levanta y añade bendiciones a aquellos que creen en él. Sin lugar a duda nuestra fe en el Señor debe ocupar el centro de todas nuestras decisiones. Sin embargo, también podemos aprovechar los instrumentos de inversión en el sistema económico y planificar nuestras inversiones como mayordomos de Dios. Tenemos el ejemplo que nos enseñó Jesús en Mateo15:14-30) en la parábola de los talentos. Jesús también nos exhortó a que pongamos en primer lugar el reino de Dios:

> *33"Mas buscad primeramente el reino de Dios y su justicia,*
> *y todas estas cosas os serán añadidas"*
> *Mateo6:33 (RVR1960).*

Cuantas veces has estado pidiendo en oración a Dios que conceda tus peticiones para obtener un mejor trabajo, una mejor casa o una mejor oportunidad para que tus hijos puedan ser mejor educados. ¿Piensas que Dios a veces se toma demasiado tiempo en contestar esas interrogantes, o en cubrir las necesidades que para ti son imperiosas? ¿Crees que sin ellas no puedes seguir adelante o que tu familia y la sociedad en la que vives no pueden concebir la idea de que no tengas lo que has soñado tener en el plano material? ¿Te has preguntado porqué la gente sólo desea cosas de origen material? ¿Por que sólo piden cosas tangibles y no le piden a Dios poder tener la inteligencia y la sabiduría necesaria para tomar las decisiones que les llevarán al éxito personal y espiritual? ¿Será que para ellos la sabiduría y la inteligencia no son tangibles porque no se pueden medir, tocar o palpar? ¿Será que esto está ligado a la medida de la fe de una persona? Veamos que nos dice la palabra de Dios sobre este particular:

> *7"Pedid, y se os dará; buscad, y hallaréis; llamad, y se os abrirá.*
> *8 porque todo aquel que pide, recibe; y el que busca, haya; y al que llama, se le abrirá"*
>
> *Mateo 7:7-8 (RVR1960).*
>
> *1"Es pues, la fe la certeza de lo que se espera, la convicción de lo que no se ve.*
> *2 "porque por ella alcanzaron buen testimonio los antiguos"*
>
> *Mateo11:1-2 (RVR1960).*

Puntos para revisar del Capítulo #6

1- ¿Cómo debes de invertir tu dinero?: ______________________

____

____

____.

2- ¿Qué tipos de inversiones puedes utilizar?: ______________

____

____

____.

3- ¿Qué es el (Yield) o crecimiento de una inversión?: ________

____.

4- ¿Qué es una pérdida de capital (Capital Loss)?: ___________

____.

5- ¿Qué es el retorno total? ____________________________

____.

6- ¿Qué es el crecimiento esperado del portafolio? ____________

____.

7- ¿Qué es el riesgo de portafolio? ___________________________

____.

8- ¿Qué es el principio del seguro? ___________________________

____.

9- ¿Qué es la diversificación? ________________________________

____.

10- ¿Qué es la diversificación al azar? ________________________

____.

11- ¿Qué son los bonos y las acciones? ________________________

____.

12- ¿Qué es un fondo mutuo? ___________________________________

____.

Capítulo 7

Una historia real

Hubo una vez una joven llamada Michelle que desde muy pequeña se imaginaba verse vestida con traje de enfermera, una joven que podría vestir un clásico vestido blanco para trabajar en los hospitales. Esta imagen que ella siempre llevaba en su mente se hizo realidad y para finales de la década de los noventa en adelante comenzó esa etapa de trabajar en los hospitales. Con un trasfondo impresionante. Estaba muy inclinada a querer saber que estaba ocurriendo en cada país del mundo en las áreas de la salud, política y la economía. Al igual, le encantaba poder hablar con los doctores que necesitaran organizar sus equipos de trabajo en los hospitales. Estuvo trabajando desde el año 1990 hasta el 2009 en este interesante y maravilloso campo profesional con un gran éxito financiero. Su primer año 1990 fue uno de generar sólo ingresos moderados hasta que llegó a recibir ingresos mucho mayores. Recibió muchos reconocimientos y además pudo tener la experiencia de encontrar esposo allí en las premisas de su área de trabajo. Y esto parece chistoso pero así fue en verdad donde Michelle conoció a su amado esposo, en su propia área de trabajo, cuando él llegó a ofrecer sus servicios profesionales de propagandista médico. A la misma vez que ella trabajaba en ese hospital, Michelle también se dedicaba a visitar hogares de ancianos para servir de ayuda a los menos afortunados. El poco tiempo que ella podía tener libre lo dedicaba a entrenar en un gimnasio para mantenerse en forma física y mental. Todo lo que hacía Michelle lo disfrutaba muchísimo, pero le faltaba algo muy importante y fundamental y esto era <u>una vida práctica en la parte espiritual, conocer a Cristo, tener una relación personal con Dios.</u>

Michelle se consideró muy afortunada en muchos aspectos, tener una educación académica muy buena, tener dos trabajos muy enriquecedores en experiencias y buena paga, provenir de una buena familia en donde siempre recibió mucho amor. Todas estas cosas eran muy gratificantes y parecían ser todo para ella. Además tuvo la oportunidad de viajar mucho a diversas partes de los Estados Unidos y Europa en viajes de placer. Siempre se consideró muy buena para tratar con personas pero se dio cuenta de que le faltaba algo más para ser verdaderamente efectiva y era el tener el corazón de Cristo en su persona. Un corazón suave, amable y dispuesto para acoger a la persona más necesitada con sus consejos sabios, y misericordia. Pero esto no se desarrollaba tan fácilmente, era necesario que Michelle tomara el primer paso para ese cambio. aceptar a Cristo Jesús en su vida y para cultivar esa relación con Dios. No vale de mucho todos los conocimientos académicos y profesionales si no está el amor de Dios en nuestro corazón. Si queremos que todas las cosas marchen bien tenemos que pedir sabiduría y entendimiento en el plano espiritual; es **la parte que no vemos** pero a la vez es esa parte que funciona y nos hace avanzar más. Les daré un ejemplo muy sencillo, este sale de un mensaje que me enviaron a mi correo electrónico, el cual estimuló muchísimo mi intelecto y mi corazón: Si vemos una persona podemos palparla y saber que está allí, pero si no la vemos físicamente no sabremos que ella existe; sin embargo, si la vemos hay otras cosas que no se ven tan fácilmente como su cerebro, pero sabemos que allí lo tiene haciendo unas funciones de coordinar pensamientos y palabras y muchas otras cosas. Así es Dios sabemos que existe, sabemos que estuvo aquí en la tierra sabemos que volverá, pero no lo hemos visto, sin embargo sabemos que Él cumple una importante función en nuestras vidas, la función única de un padre amoroso que todo lo puede proveer como padre y mentor. Con esta introducción lo que pretendo es ubicarle para que sepa que hay un solo punto de partida en su vidas y éste es que nada será lo suficientemente estable sin la guía y la presencia de Cristo en usted. Esto que les comparto debe ser el fundamento de todos los proyectos y metas de su vida. La joven de la historia puede decirles que en su vida pasada, cuando Cristo no estaba en medio de sus planes, las cosas eran temporales, pero ahora Él le ha dado un propósito duradero el cual ella debe cumplir con diligencia.

Dios cambió su tristeza en baile y le dio una segunda oportunidad de seguir adelante. Ahora quiero compartir con usted más sobre este testimonio y una serie de ideas y ejemplos que les ayudarán en la organización de sus metas personales y financieras, según Dios las ha dejado en su palabra para nuestro beneficio. Pero antes deseo volver a recordarles que la mujer y el hombre son los mejores administradores de las finanzas en el hogar y la familia. La mujer es la llama que enciende el fuego iluminador en la vida de la familia junto a su pareja y sus hijos, ella brinda su apoyo y esperanza a las metas que su esposo se ha propuesto y sigue a su esposo, pero también aporta ideas para el beneficio de la familia en las áreas profesionales, financieras, educativas. Ella da apoyo a todos los miembros de la familia. La mujer soltera o viuda también es digna de ser llamada buena administradora por que ella puede aprender estos principios de sana administración y manejo del dinero de ella.

La trayectoria profesional de Michelle y cómo ésta intervino en su crecimiento espiritual:

Les había comentado que la vida de Michelle había sido muy afortunada, ella provenía de un hogar con padres unidos en amor y una educación formal muy competitiva, eso la situaba en una posición de ventaja sobre muchas otras personas. Luego, de haber trabajado entre los años de 1990 hasta el 2009, en sus diecinueve mejores años productivos de su vida, en términos de alcanzar éxito profesional y financiero. En esos años se posicionó como una de las mejores profesionales en la enfermería con un potencial de un alto crecimiento financiero anual, ese había sido el pronóstico del presidente del hospital para el cual ella trabajó. Allí fue reconocida públicamente y escribía en periódicos del país columnas sobre la salud, participaba en seminarios para profesionales médicos dictando cursos de actualización requeridos para la renovación de las licencias profesionales. Daba seminarios a los profesionales del campo de la salud alentándoles a seguir sus carreras. Viajó a varios estados para conferencias y banquetes donde conocía a los mejores profesionales de la salud de cada estado. Esos viajes nunca los olvidará y siempre serán emblemáticos para ella. Todas estas experiencias, tuvieron un propósito en su vida y en la vida de las personas a las cuales ella pudo alcanzar. Después de haber contraído matrimonio pasó unos momentos difíciles en sus finanzas porque había perdido su trabajo del hospital y había acabado de adquirir, hacía apenas unos seis (6) meses, un automóvil muy costoso y tenía un compromiso mensual bastante considerable.

Haber entrado en ese compromiso de pagos de un auto y haber recibido la noticia de que se tenía que mover de su empleo le resultó en una situación bien difícil de manejar, ya que no tenía aun las suficientes herramientas espirituales para poder lidiar con la guerra espiritual que se había desatado en su vida. Hoy en día, Michelle ha podido entender ese proceso por el cual pasó y por el cual Dios la fue preparando para formar su carácter y hacerla una persona más dependiente de Dios y de su voluntad. Este proceso le ayudó a que aprendiera la humildad y a reconocer que todo está bajo el control del Padre Celestial, dueño de todas las riquezas de la tierra y el proveedor de todas nuestras necesidades y deseos. El someterse a las autoridades de su empleo era reconocer que las autoridades son puestas por Dios, y ella siempre supo reconocer a esas autoridades, pero de alguna manera nunca reconoció la mayor autoridad que está por encima de las autoridades de la tierra en los ambientes de trabajo y el hogar, ese reconocimiento es el que nos enseña cómo lidiar con los eventos del mundo, los cuales marcan nuestras vidas. Veamos que dice la palabra de Dios sobre este particular:

> 5 *Siervos, obedeced a vuestros amos terrenales con temor y temblor, con sencillez de vuestro corazón, como a Cristo;*
> 6 *no sirviendo al ojo, como los que quieren agradar a los hombres, sino como siervos de Cristo, de corazón haciendo la voluntad de Dios;*
> 7 *sirviendo de buena voluntad, como al señor y no a los hombres,*
> 8 *sabiendo que el bien que cada uno hiciere, ese recibirá del señor, sea siervo o sea libre*
>
> *Efesios 6:5-8 (RVR1960).*

La falta de su sometimiento a Dios y el desconocimiento de cómo hacer este sometimiento una forma de conducta en su vida diaria, le llevó a pasar por momentos muy difíciles y dolorosos. Michelle puso demasiada atención en las finanzas de manera que éstas controlaban parte de su vida y sus acciones, pensamientos y relaciones. Ella reconoce que estas situaciones que desestabilizaron su vida fueron para formar su carácter y llevarla a depender enteramente de Dios. Cuando estamos tristes y abatidos, cuando otros abusan de nosotros y se enriquezcan a nuestras expensas, cuando las esperanzas parecieran haberse disipado, pongamos nuestra mirada en la palabra de Dios como sustento.

10 Como entristecidos, mas siempre gozosos; como pobres, mas enriqueciendo a muchos; como no teniendo nada, mas poseyéndolo todo.
11 Nuestra boca no se ha abierto a vosotros, oh corintios; nuestro corazón se ha ensanchado
2 Corintios 6:10-11 (RVR1960).

Aquí hay varios elementos que debemos de analizar para entender porque ocurren estas cosas que nosotros los seres humanos en nuestra mente finita y limitada no podemos comprender. Ante todo, Dios es mi padre y controla todas las cosas del mundo ¿y permitió que me pasara este evento tan impactante en mi vida? ¿Por qué Dios permitió que hubieran cambios en mi vida profesional? ¿Por qué Dios no permitió que yo siguiera en ese lugar de empleo de tanto éxito, reconocimiento y crecimiento financiero? ¿Qué puede ver Dios en mi futuro que yo no sé? Después de hacernos todas estas preguntas y antes de recibir las respuestas a la luz de las Escrituras quiero contarles la segunda parte del testimonio de Michelle.

Luego de haber sufrido la pérdida de su empleo en un reconocido hospital, el cual había llenado a Michelle de muchas satisfacciones temporales y angustias eternas, tuvo la oportunidad de tener su propia firma profesional de enfermería en un lugar muy especial. Esa oficina la pudo montar gracias a una promoción profesional, una oferta que se le hizo para que ella tuviera una rama de una compañía que aún no tenía representación en esa ciudad. Ella aceptó la promoción y ellos le dieron un aporte económico que fue utilizado para amueblar y arreglar la oficina profesional donde se rendirían los servicios de salud esperados por los clientes del área geográfica.

Ese dinero fue un bono que le dieron por firmar el contrato con ellos y para llegar a ese mercado competido. En esa oficina tuvo éxito y el primer año los ingresos fueron buenos, pero ocurrió algo que causo que su oficina no se pudiera continuar, el servicio de la compañía fue adquirido por otra firma. Y toda la empresa que se había instituido cerró operaciones, y ella y muchos profesionales del ramo de la enfermería quedaron sin trabajo,. Michelle se encontró empezando otra vez y lo peor de todo fue que había contraído más deudas, mientas trabajaba para esta compañía adquirió una propiedad muy costosa. Ya llevaba en su haber varios activos que demandaban dinero para cubrir los pagos y estos eran: Un apartamento Pent House, y un auto lujoso.

En total los gastos fijos mensuales eran muy altos Su crédito y sus ingresos sustentaban estas transacciones que los bancos aprobaron con relativa facilidad. Su expectativa de generar ingresos eran muy altas y los bancos veían esas posibilidades como riesgos medidos de crédito en otras palabras los bancos veían que su crecimiento financiero sería positivo hasta el punto en que los riesgos de desfalco o (default) se minimizaban. Ella cometió algunos errores de juicio y no usó estrategias contingentes para evitar una posible crisis financiera. Se arriesgó demasiado y no midió las consecuencias o mejor dicho no midió los grados de riesgo y las consecuencias de estas decisiones en su vida futura. Quiero analizar uno a uno esos grados de riesgo con ustedes para darles un ejemplo de cada uno de ellos y de cómo poder manejarlos de manera adecuada para que tenga el éxito financiero que Michelle estaba tratando de alcanzar.

Niveles de riesgo

1- **Alto riesgo-** son aquellos que usted sabe pueden darle una posibilidad de ganancia de alto rendimiento pero acarrean un alto riesgo que si esas posibilidades de ganancias fallan podría perderlo todo. Si usted ha decidido tomar un alto riesgo cuando decide comprar una propiedad o un auto muy costoso como en el ejemplo para que usted pueda asumir ese riesgo por sí mismo con suficiente independencia y éxito que si se queda sin empleo usted pueda seguir haciendo los pagos normalmente sin comprometer la seguridad de un hogar protegido para su familia y sin comprometer el poder tener cubiertas las necesidades básicas de sus miembros.

2- **Riesgos moderados-**Estos riesgos son aquellos que usted sabe pueden darle una posibilidad de un rendimiento moderado y no acarrean un alto riesgo, usted tendrá un margen más holgado o cómodo para poder sustentar sus deudas y poder cumplir con ellas. Sus pagos posiblemente sean más cómodos y accesibles para realizarlos. Sin poner en riesgo la seguridad de su familia en todos los aspectos. Posiblemente estará más inclinado en absorber el riesgo por sí mismo y no se verá inclinado a transferir ese riesgo a otra persona para que cumpla con los pagos que usted no podrá realizar.

3- **Riesgos bajos-**Estos riesgos son aquellos que no representan amenazas para la integridad financiera suya y de su familia, usted puede asumirlos y absorberlos sólo sin necesidad de contar con mucho capital o flujo de efectivo, sin siquiera pensar en la posibilidad de transferirlos a una tercera persona o a una institución bancaria.

Tan pronto como identificamos los niveles de riesgos que tendremos que asumir a lo largo de la vida podemos hacer una buena planificación para llevar a cabo las transacciones de una manera organizada y estructurada y de esa manera proveer para las contingencias que puedan ocurrir en nuestras vidas. Las contingencias son la pérdida de ingresos por motivo de pérdida de su trabajo, la posibilidad de una incapacidad o muerte súbita que surgen de manera inesperada. Ahora me corresponde comentarles sobre los errores a nivel espiritual que cometemos frecuentemente a lo largo de nuestras vidas.

Errores espirituales que cometemos

1- Desobedecer a la cabeza de la familia (esposo)-aquí fallamos muchas veces y la joven de la historia falló en ese importante precepto desde el principio en su carácter personal. Su futuro esposo en el año en que se casarían le advirtió antes de que ella realizara la transacción de compra venta del auto costoso, y de la casa costosa: y cito lo que él le dijo: "Mi amor yo no creo que sea prudente comprar ese auto en estos momentos, creo será mejor que nos quedemos usando el auto usado que ya habías comprado, además la casa no es necesaria está bien con el apartamento ya que el pago es más accesible." Ella estaba adquiriendo esa casa cuatro (4) meses antes de casarse con su amado esposo , y fue seis (6) meses antes de que ella perdiera su mejor y más productivo trabajo.

> *23 Porque el marido es cabeza de la mujer, así como Cristo es cabeza de la Iglesia, la cual es su cuerpo, y él es su salvador,*
> *24 Así como la Iglesia está sujeta a Cristo, así también las casadas lo estén a sus maridos en todo,*
> *25 Maridos, amad a vuestras mujeres, así como Cristo amó a la Iglesia, y se entregó a sí mismo por ella*
> *Efesios 5:23-25 (RVR1960).*

2- Violar la ley del tiempo prudente-Todo tiene su tiempo bajo el cielo para cada cosa en la vida hay un momento especial y particularmente perfecto para su ejecución y si lo hacemos así de manera organizada y estructurada tendremos resultados positivos. Veamos esta tabla en la cual demostramos la estructura organizacional en la toma de decisiones, relacionadas a las transacciones y las decisiones financieras.

1 "Todo tiene su tiempo, y todo lo que se quiere debajo del cielo tiene su hora."

Eclesiastés 3:1 (RVR1960).

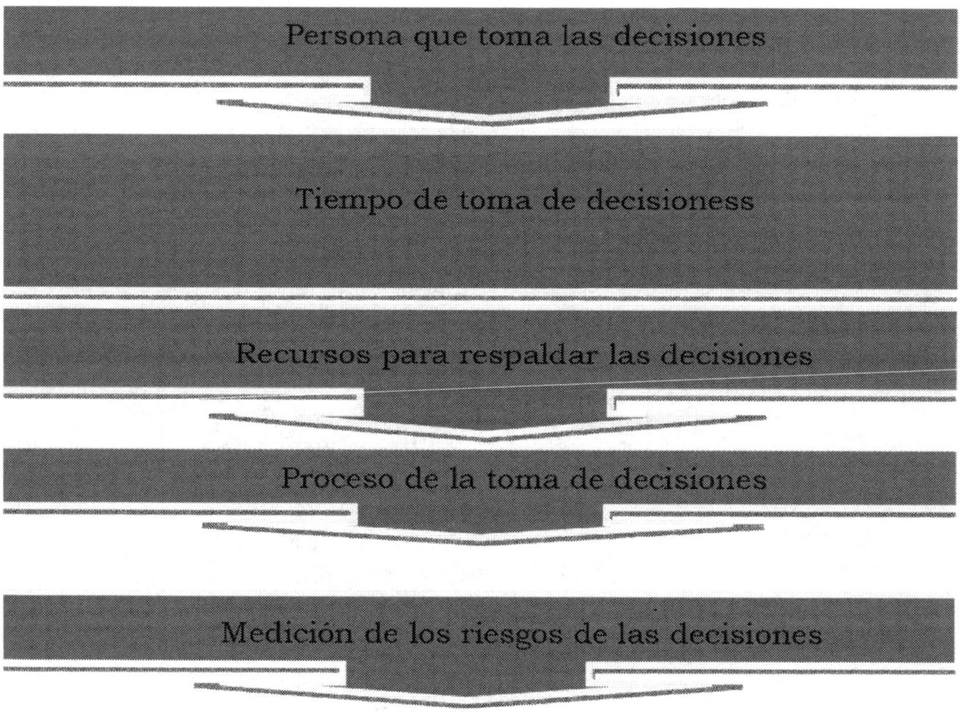

3- El no cumplir con los diezmos y las ofrendas-Cuando usted es parte de una iglesia y como miembro de ella es llamado a cumplir con las obligaciones que Dios nos ha dejado a través del viejo testamento desde los tiempos de Abraham cuando el reconoció la gracia que Dios le había entregado a él y a su pueblo, nosotros tenemos los fundamentos de lo que es una Iglesia próspera conforme a la palabra que nos ha dejado para la constitución de una Iglesia fuerte, poderosa y bendecida. Cuando un miembro de la iglesia cumple sus obligaciones de diezmar y ofrendar para su ministerio surge una fuerte manifestación del Espíritu Santo en el cual Dios Padre pone bendición de manera especial en quien se ha sometido a su voluntad.

9 "Honra a Jehová con tus bienes, y con las primicias de todos tus frutos;
10 y serán llenos tus graneros con abundancia, y tus lagares rebosarán de mosto"

Proverbios 3:9-10 (RVR1960).

4- No ser compasivo con el hermano en el momento de necesidad- Otro error común que cometemos es cuando como personas no somos compasivos ni tenemos el amor para ayudar a nuestros hermanos, para tenderle una mano en un momento de necesidad, para darle una palabra de aliento, para compartirle mensajes de esperanza y darle nuestra misericordia, para enseñarles lo que dice la palabra de Dios sobre la esperanza en Cristo.

1 Acuérdate, oh Jehová, de lo que nos ha sucedido; Mira, y ve nuestro oprobio.
2 nuestra heredad ha pasado a extraños, nuestras casas a forasteros.
3 huérfanos somos sin padre; nuestras madres son como viudas.
4 Nuestra agua bebemos por dinero; compramos nuestra leña por precio.
5 padecemos persecución sobre nosotros; nos fatigamos, y no hay para nosotros reposo.
6 Al egipcio y al asirio extendimos la mano, para saciarnos de pan.
7 Nuestros padres pecaron, y han muerto; y nosotros llevamos su castigo
8 siervos se enseñorearon de nosotros; no hubo quien nos librase de su mano.
9 con peligro de nuestras vidas traíamos nuestro pan ante la espada del desierto.
10 nuestra piel se ennegreció como un horno a causa del ardor del hambre.

Lamentaciones5:1-10 (RVR1960).

Continuación de la historia de Michelle

Luego de que Michelle se volvió a quedar sin empleo tuvo la oportunidad de ser llamada por otro excelente y reconocido hospital. Ellos la contrataron para que ella fuera la directora del departamento de enfermería. Lo cual le brindo la oportunidad de trabajar allí con éxito por casi dos años hasta que nuevamente ellos cambiaron los empleados y volvió a quedarse sin trabajo. Al salir de allí su antiguo jefe el presidente del hospital la recomendó para un puesto de directora en otro hospital muy grande y reconocido, pero después de haber participado en dos rondas de entrevistas para ser nombrada a la posición ellos cancelaron las posiciones. Usted se preguntará cómo es posible poder pasar por tantos eventos de pérdidas consecutivas en una vida profesional de una persona joven y preparada. O cómo es posible tener que pasar tantas situaciones adversas sin llegar al borde de la depresión. O cómo es posible vivir una vida de fe después de una devastadora racha de pérdidas de empleo significativas y consecutivas. Asímismo haber podido mantener un matrimonio después de tantos intentos de salir adelante. Además mantener la fe en alto y seguir con esperanzas ante un mundo y una Economía insegura. Después de tomar en cuenta todos estos cuestionamientos podemos contestar que lo único que mantuvo a Michelle en pie y lo que mantuvo su matrimonio fue tener una fe inquebrantable y una esperanza cifrada en las promesas de un Cristo vivo, las cuales le han enseñado las siguientes cosas que les quiero compartir:

1- Procurar que su fe sea muchísimo más grande que un grano de mostaza, si posible que sea como una semilla de un avocado. (aguacate).
2- Tener siempre una meta diferente por la cual luchar cada día.
3- Mirar los malos momentos como entrenamientos para la próxima oportunidad de un mejor trabajo u mejor oportunidad de triunfo en el futuro cercano.
4- Pensar en lo difícil y doloroso del Calvario por el que pasó Jesús y que lo peor que nos ocurra a nosotros no es nada comparado con eso.
5- Orar con fervor para que Dios se apiade y nos de fortaleza espiritual para nosotros estar fortalecidos en nuestras vidas.
6- Bendecir a todos los que nos rodean y a los que ni siquiera conocemos, este principio de bendecir es muy poderoso en nuestras vidas generará un mover de bendiciones ricas y sobrenaturales en nuestras vidas..
7- Tener una esperanza basada en la fe de nuestra vida de abundancia al lado de Jesucristo.

Siguiendo la próxima etapa del testimonio de Michelle luego de haber pasado por varias entrevistas de empleo que fueron infructuosas, su esposo y ella desarrollaron un negocio de venta de equipos médicos , este negocio fue solventado con el dinero que le habían dado como indemnización por la pérdida de su primer empleo. Este negocio tuvo su tiempo bueno de ganancias por varios meses, pero a los nueve (9) meses las ventas habían bajado a niveles muy bajos y apenas producían para pagar la renta del local comercial, fue allí donde el esposo de Michelle le recomendó tomar la decisión de mudarse de ciudad para tener otras oportunidades de empleo más accesibles para tratar de comenzar desde el inicio con más experiencia, fe y oportunidades que las que habían tenido antes y en un lugar donde la economía fuera holgada y en crecimiento. Cualquiera que escuchara este testimonio tan abrumador en pérdidas se preguntaría ¿Como esta joven ha perseverado tanto?, ¿como no se ha vuelto una rebelde que niegue a Dios?. Pues amados lectores creo que lo que le ha sostenido a Michelle y a su esposo es la fe en un mañana mejor lleno de esperanzas, lleno de fe en que Dios observara su perseverancia y su sinceridad en su relación con Él, donde Él desatará todas las bendiciones en pocos días para que sus vidas se tornen llenas de sentido, llenas de esperanzas y sean totalmente dependientes de Él. Nunca han dejado de reír, ni han dejado de amar y dejarse amar. Nunca han dejado de ser útiles con quienes les necesita para darles una mano, jamás han cerrado su corazón para ofrecer una mano amiga de apoyo a quien la necesite. Dios les ha pasado por el fuego y les ha estado moldeando para hacerles una nueva vida, unas personas con un corazón renovado y lleno del amor de Dios y del Espíritu Santo. Creo que en el transcurso de las cosas que les tocó vivir durante esos años difíciles, ambos han sido capaces de capitalizar una serie de cosas que aquí podemos mencionarles, como los tesoros financieros que como mujer administradora de las finanzas Michelle pudo trabajar con sabiduría:

1- Siempre podía tener dinero guardado en efectivo en una cajita de valores para su protección, esto hacia una diferencia cuando hacia falta dinero en la familia.
2- Ese dinero lo sacaba semanalmente como parte de un porcentaje de las ganancias del negocio o de su profesión.
3- Siempre tenía cuentas de Inversiones, Acciones, Fondos Mutuos, en su portafolio personal.

4- Siempre gustaba de cocinar en su casa la comida que llevaban a sus empleos.
5- Michelle llevaba registros de los gastos y obligaciones familiares para un control efectivo de la manera en como gastaban su dinero..
6- Michelle y su esposo mantenían una actitud positiva para apoyarse mutuamente en la toma de decisiones de índole financiera.
7- Mantenían siempre una disciplina dirigida a estudiar las áreas de la economía, las tendencias de las inversiones y estar al tanto de las últimas noticias relacionadas a la economía y las finanzas.
8- Aprendieron a postrarse de rodillas ante el Padre para hablarle sobre que deberían hacer en relación a sus finanzas personales y familiares, esperando su respuesta con fe.

Ahora quiero discutir con ustedes una serie de promesas que el mundo nos enseña equivocadamente sobre el dinero y estas son:

1- El dinero nos da seguridad.
2- El dinero nos da alegría.
3- El dinero nos da poder.
4- El dinero nos da libertad por las consecuencias de nuestros pecados.
5- El dinero nos da privilegios y status social.
6- El dinero nos da paz mental.
7- El dinero nos da amor y atención.

Viendo todas estas siete promesas falsas que dicen venir del poseer dinero ahora quiero que usted pueda pensar en cuantas de ellas usted ha creído, en cuantas de ellas le tenían a usted comprometido en su corazón, en cuantas de ellas su familia creyó. Siendo sinceros, en muchas de ellas muchas personas creen con tal firmeza que si así creyeran en Dios serían los mejores creyentes y adoradores que podría poseer un ministerio hoy en día.

Por otro lado quiero que analicemos en cambio las verdaderas promesas de Dios según Él nos las ha provisto a través de su maravillosa palabra:

1- "A los ricos de este siglo manda que no sean altivos, ni pongan la esperanza en las riquezas, las cuales son inciertas, sino en el Dios vivo, que nos da todas las cosas en abundancia para que las disfrutemos" 1ra. de Timoteo 6:17 Aquí Dios nos da lo que es una verdadera seguridad para nosotros sus hijos amados.

2- *"Deléitate así mismo en Jehová, y él te concederá las peticiones de tu corazón" Salmo 37:4 Esta es la verdadera alegría de la cual los seres humanos deberíamos tener gozo.*

3- *No temas porque yo estoy contigo; no desmayes, porque yo soy tu Dios que te esfuerzo; siempre te ayudare, siempre te sustentare con la diestra de mi justicia. Isaías 41:10 Es aquí que Dios nos muestra Su poder para nosotros tenerlo.*

4- *"No aprovecharan las riquezas en el día de la ira; más la justicia librara de muerte" Proverbios 11:4 Aquí la palabra de Dios nos da la libertad de las consecuencias.*

5- *29 "Porque vendrán del oriente y del occidente, del norte y del sur, y se sentaran a la mesa en el reino de Dios. 30 "y he aquí, hay postreros que serán primeros, y primeros que serán postreros" Lucas 13;29-30 Aquí Dios nos establece la promesa de que el privilegio y el status social para él no es importante ni necesario.*

6- *"Venid a mí todos los que estáis trabajados y cargados, y yo os hare descansar" Mateo 11:28 Aquí Dios nos ofrece la verdadera paz mental que necesitamos en nuestras vidas.*

7- *"Jehová esta en medio de ti, poderoso, Él salvara; se gozara sobre ti con alegría, callara de amor, se regocijara sobre ti con cánticos. Sofonías 3:17 (RVR1960).*

Todas estas promesas de Dios están en su palabra y nosotros tenemos que tomarlas en nuestras vidas para nuestro beneficio.

Luego que Michelle y su esposo se mudaron a otra ciudad, Dios les ha fortalecido en su vida espiritual, les ha mostrado su poder a través del Espíritu Santo y les ha enseñado que si confían totalmente en Él y hacen las cosas que tienen que hacer en sus vidas personales y espirituales tendrán un futuro mejor. Les daré un ejemplo de lo que yo estoy hablando: Ahora mismo usted y su cónyuge tienen trabajos en las mismas compañías en las cuales comenzaron cuando llegaron a su ciudad o domicilio, ya van viendo como pasan los años y aunque siempre existen situaciones difíciles en los trabajos habrán de perseverar y Dios les ha protegido sus trabajos por su Santa Voluntad. Dios quiere hacer de nuestras vidas algo grande y maravilloso, Dios quiere darnos lo que es el poder de la sanación a través del Espíritu Santo, Dios quiere mostrarnos que si en el confiamos todo será hecho en perfección, pero en su tiempo y todo será para la gloria y la honra de Dios, todas las promesas requieren de un pacto, y un sacrificio espiritual. Y ese sacrificio es a veces el nosotros aprender a orar y a ayunar, el que nosotros hagamos las cosas que debemos hacer en nuestras vidas personales y profesionales, el hacer el bien sin mirar a quien. El que seamos obedientes a la palabra de Dios, y sumisos a su Ley, respetando sus mandamientos. El ser ejemplo de Cristo con nuestro testimonio en cada uno de nuestros días. Esa es la manera en que nosotros dejamos ver cuán profunda es nuestra relación con el Padre ya que nuestro comportamiento estará siendo filtrado en cada uno de nuestros hechos, acciones y palabras. No podemos mentir, no podemos fingir, la sociedad podrá creer que somos algo que no somos, pero el padre sólo sabe quién en verdad somos en esencia. Usted se preguntara que sacamos de este testimonio de Michelle, que obtenemos de este análisis minucioso de los detalles del mismo. Pues ahora pasaremos a ese análisis en detalle:

¿Qué cosas Michelle y nosotros debemos tomar en consideración cuando entramos a un nuevo trabajo?

1- Cuando el trabajo que adquiero excede las medidas de estabilidad financiera y estabilidad en el mercado.
2- Cuando el trabajo que adquiero ofrece términos de tiempo a largo plazo o mediano.
3- Cuando el trabajo que adquiero ofrece planes de educación continua y promete crecimiento profesional y desarrollo a más largo plazo.
4- Entonces sólo así podemos hacer otros planes financieros personales o familiares a un mediano o largo término.
5- Podemos considerar entrar en negocios de compra y venta de propiedades.
6- Podemos crear un plan de ahorro e inversión a corto, mediano o largo plazo.

Si estas condiciones anteriores no se cumpliesen y por lo contrario tuviéramos un trabajo sin estabilidad financiera de la compañía, sin estabilidad en el mercado, sin promesas de tiempo a un periodo cierto, sin incentivos de educación continua o mejoramiento de sus empleados, no sería prudente tomar decisiones que nos comprometiesen a entrar en ciertos compromisos de índole financiera cuando la fuente de repago no estaría garantizada a un periodo de tiempo justo, o cuando las promesas de seguridad en el empleo sean cuestionables.

Veamos las diferentes etapas de un empleo que brinda cierto sentido de seguridad

1- Etapa primaria cuando la compañía tiene más de cinco años en el mercado y está siendo considerada como una compañía de rating AA o sea una compañía cotizada dentro de las compañías que tienen finanzas saludables y las que han pasado ese periodo de prueba de supervivencia, además usted deberá averiguar si su compañía cotiza en la bolsa de valores y debe saber si está su acción pagando dividendos corrientes. Esos detalles le darán una idea de cómo se perfila el crecimiento para la compañía en la que usted trabaja.

2- Conocer a su junta de directores, saber quién es su presidente y estudiar su estilo de manejo de la compañía le dará cierta ventaja de tener una idea y usted así podría predecir con mayor certeza que podría pasar con el futuro de su compañía para la cual usted trabaja.

3- Conocer un poco más en detalle los planes que la compañía ha trazado para expandir su mercado, que lugar ocupa entre las compañías con las que compite, que planes de expansiones han trazado sus ejecutivos.

4- Conocer qué planes tiene la compañía con su posición y sus posibilidades de crecimiento como empleado.

5- La etapa secundaria es la que nos brinda la posibilidad de tener una idea de la verdadera situación fiscal de la compañía porque usted ya habrá visto sus ejecutorias, ya habrá conocido el estilo de gerencia de sus manejadores, ya habrá conocido cuáles son sus áreas de fortalezas y sus áreas débiles cuáles son sus planes a corto, mediano y largo plazo.

6- La tercera etapa es aquella que nos da una idea clara de cuánto tiempo usted podrá contar con esa fuente de trabajo e ingresos. Si usted podrá permanecer años, meses o días.

Luego de usted tener todos y cada uno de estos detalles relacionados a la empresa en la cual usted trabaja podrá tomar decisiones sabias en cuanto a si debe o no debe entrar en compromisos financieros a largo plazo contando con un ingreso que le brinde a usted la estabilidad que usted merece.

Veamos ahora un análisis de la toma de decisiones en el plano financiero que una persona debe de tomar en cuenta

1- Condiciones del mercado de empleo.
2- Condiciones de la economía local.
3- Condiciones de su nivel de riesgo.
4- Condiciones de su crédito.
5- Condiciones de sus ingresos.
6- Condiciones de las obligaciones ya contraídas.
7- Su estado de salud.

Luego de examinar cada uno de estos parámetros para la toma de decisiones usted debe cerciorarse de que usted cumple con la mayoría de ellos, de ese modo usted se asegurará que sus riesgos sean riesgos medidos y que usted no se exponga demasiado a caer en una situación financieramente crítica. Una persona promedio debe de estar seguro que cumple con la mayoría de estos parámetros ya que las situaciones adversas que afectan a las familias vienen mayormente porque no toman previsiones y no analizan sus posibilidades de riesgos en cada una de estas áreas.

Si aplicáramos el principio del manejo de los riesgos a esta área de la toma de decisiones financieras tendríamos que comenzar hablando de cómo evitar los riesgos y luego de cómo absorberlos y luego cómo minimizarlos y finalmente en caso extremo de cómo transferirlos. Vamos a ver estos principios aplicados al testimonio que nos acompaña en este libro.

Principios de manejos de los riesgos aplicados

Como evitar los riesgos en este testimonio de Michelle, Ella no debió de haber comprado ese auto nuevo habiendo tenido un auto usado y el cual no se debía y estaba saldado en su totalidad. Aquí hay un detalle muy importante y es el de evitar riesgos no tomando las decisiones de entrar en contratos de compra cuando se poseía un auto completamente saldo. Estas decisiones fueron tomadas muy apresuradamente por Michelle y su esposo, no se tomaron en serio sus consecuencias, no se midieron sus impactos en el presupuesto y la estabilidad familiar.

Cuando se habla del segundo principio de manejos del riesgo y se trata de cómo absorber los riesgos por uno mismo,¿cómo podemos responderle a un acreedor si por alguna razón no llegamos a tener la oportunidad de pagar esa obligación contraída?

¿Tendremos la posibilidad de pagar esa obligación con algunos fondos que tengamos guardados? ¿Podríamos pagar la obligación con alguna garantía que pongamos como colateral? ¿Qué porcentaje de riesgo estamos asumiendo? ¿Sería posible que esta obligación pudiera acaparar más del 25% de nuestros ingresos corrientes? Luego de contestar todas estas preguntas tendremos un cuadro claro para ver si en verdad podemos absorber esta obligación o cargas que nos estamos imponiendo. Cuando hablamos del tercer principio de cómo minimizar los riesgos tenemos que tomar en consideración que al tomar las decisiones debemos sopesar los factores que hablamos y discutimos anteriormente sobre las características de nuestro trabajo y sobre la estabilidad de la compañía o industria a la cual pertenecemos. Si encontramos algún punto débil y nos damos cuenta de que no es conveniente entrar en compromisos financieros muy grandes y a largo plazo es mejor detenernos y sabiamente declinar a tomar esa decisión hasta tanto las condiciones mejoren y podamos minimizar esos riesgos. Y por último el cuarto principio que es el de transferir los riesgos, en este caso de este testimonio la manera de transferir los riesgos es cuando Michelle hubiese pasado los bienes a nombre de personas que pudieran haber asumido sus deudas o compromisos de pagos de manera regular. Este principio es uno que no agrada a la persona que tiene que ejercerlo, pero es uno que alivia la situación de manera tal que la persona que tiene las obligaciones descansa del peso que podría esto ocasionar en las finanzas de una familia o de una persona particular. Aplicando estos principios podemos nosotros comprender de manera más fácil por qué debemos de ser cautelosos antes de contraer compromisos financieros. Estos principios nos ayudan a clarificar mejor el momento de tomar las decisiones y las posibles consecuencias de las mismas. Este sistema de análisis es uno que se hace por etapas y nos enseña a ser sabios en el desempeño de la toma de decisiones de tipo financiero.

A continuación una serie de documentos de guía que deberíamos utilizar para organizar las finanzas personales o familiares

1- Documento de registro de ingresos y gastos.
2- Documento de registro de ahorros u inversiones.
3- Documento de análisis de los tipos de riesgos.
4- Documentos de análisis de flujo de efectivo.
5- Documentos de análisis de la tolerancia al riesgo.

Luego de tener estas formas en sus manos usted debe de llevar un registro de cada una de ellas. Veamos a continuación ejemplos de estas formas que usted podría llevar para un control más efectivo de sus decisiones de índole financiero.

Ejemplo de una forma de registro de ingresos y gastos por mes:

Ingresos	*Gastos*	*Totales*
$	$	
$	$	
$	$	
$	$	
$	$	

Documento de Registro de Ahorros e Inversiones

Acciones	Bonos	Fondos Mutuos	CD	Cuenta de ahorros	Total y fecha
$	$	$	$	$	$

Documento de análisis de los tipos de riesgos al hacer transacciones

Alto riesgo	Moderado riesgo	Bajo riesgo

Documento de registro de flujo de efectivo y tolerancia al riesgo del inversionista

Flujo de efectivo	*Tolerancia al riesgo*
Enero $	
Febrero $	
Marzo $	
Abril $	
Mayo $	
Junio $	
Julio $	
Agosto $	
Septiembre $	
Octubre $	
Noviembre $	
Diciembre $	

¿Qué principios financieros puedo aplicar en esta historia?

1-

____

____

____.

2-

____

____

____.

3-

____

____

____.

Capítulo 8

El credito y su uso correcto

El crédito que usted solicita es una oportunidad de tener **may-ordomía** del dinero que un banco le otorga a través de una tarjeta de crédito para cubrir sus necesidades personales, familiares o de negocio.
El crédito se divide en varios tipos:

1- Tarjetas de crédito
2- Líneas de crédito atadas a las cuentas de cheques
3- Préstamos para autos
4- Préstamos para casas
5- Préstamos comerciales

Cualquiera de estas categorías pertenecen a una "deuda de crédito de $950 billones de dólares y $18 billones son colectados por los bancos como cargos por pagos tardíos en los Estados Unidos de Norteamérica", y en los países de Latinoamérica es una situación similar en sus respectivas monedas de cambio.

Suze. Oman's Action Plan, 2010

Cuando usted toma la decisión de solicitar crédito usted está entrando en un área de pruebas en la cual usted se verá tentado a utilizar el dinero que no le pertenece y por el cual pagará altos costos. Las tarjetas de crédito son necesarias para pagar:

Alquiler de autos, hoteles y comprar artículos por teléfono e internet. También se utilizan para gastos de comidas y otras ocasiones. Pero si no se tiene cuidado y mesura en la manera en que se utilizan estos medios, esto que le mostraremos ahora, es lo que le ocurre a quien no las sabe administrar

Las tarjetas de crédito son como las Trampas de ratones una vez que el ratón ingresa en ella no hay manera de salir y el final es muerte financiera.

Trampas de Ratones

Trajeta de crédito de __________
Banco______
Balance disponible:$__________

El veneno para el ratón lo mata y no le es posible salir. La tarjeta de crédito tiene el veneno de los altos intereses y de las penalidades por pagos tardíos.

Si hablamos de los ratones y su modo de vida puede parecerse mucho a nosotros los seres humanos ya que el ratón tiene sus necesidades y siempre procura por conseguir su queso para alimentarse, también está acostumbrado a que no le muevan su queso y a que su trabajo es de tal manera que cree no habrá posibilidades de cambios. Pero lamentablemente lo único permanente serán los contínuos cambios y uno de esos cambios son los que ocurren en el manejo de sus finanzas personales, además habrá cambios en los términos de los contratos en los que decida entrar para recibir servicios como lo son las tarjetas de crédito.

Veamos las cosas en las que se parecen las personas en el comportamiento de los ratones:

1- Usted quiere tener el queso deseado o el producto o el servicio a través de la utilización de las tarjetas de crédito, luego usted se acostumbra a usarla para todo tipo de transacción.
2- Dentro de la trampa de ratón hay un veneno que son los intereses y las penalidades del producto, usted se queda

envenenado hasta que muere financieramente. Como consecuencia de su mal manejo, quedan atrapados y no puede salir de la trampa, debido a que no paga lo suficiente o no pagó a tiempo la cuenta. Las tarjetas de crédito son trampas venenosas para la vida de una persona que trata de administrar los recursos que los bancos les facilitan., pero un administrador necesita ser hallado fiel. Si usted sigue estas directrices no debería tener ningún problema.

Siga estos consejos:

1- Si utiliza su tarjeta de crédito para pagar algo pague el saldo lo antes posible y en su totalidad.
2- Si utiliza su tarjeta trate de que sea para compras de las cuales usted pueda salir tan pronto llegue el estado de cuenta.
3- Aunque usted tenga un alto balance de crédito disponible para su uso no utilice el dinero para todas las compras suyas, sea prudente solo utilízándola cuando sea necesario.
4- Si los balances de sus tarjetas son muy altos transfiéralos a una tarjeta con intereses mucho más bajos y si esta no tiene costos anuales de mantenimiento mucho mejor. Un ejemplo de lo que le hablo puede ser una tarjeta emitida por una unión de crédito.
5- También la puede negociar directamente con su proveedor de crédito llegando a un arreglo de pago.
6- y por ultimo si usted tiene una tarjeta inactiva, mi recomendación es que la debe utilizar de vez en cuando y salde en su totalidad el balance cada vez que la utiliza.

Es usted un adicto al crédito?

Una adicción se refiere a un comportamiento repetitivo y basado en una práctica o predisposición de dependencia o compulsión a algo. Las trampas de ratones (tarjetas de crédito) son para muchísimas personas ese instrumento para formar hábitos o adicciones de compras muy difíciles de evitar. En la palabra de Dios se habla del que gasta en cosas vanas es quién disminuye sus riquezas o sus recursos, y quienes trabajan y guardan, ahorran o invierten ese dinero tendrán aumentos en sus activos. Veamos la palabra en la Biblia:

> *"Las riquezas de vanidad disminuirán;;pero el que recoge con mano laboriosa las aumenta" Proverbios 13:11 (RVR1960).*

Las compañías dueñas de las trampas de ratones (tarjetas de crédito) son muy poderosas en el plano financiero, y ellos se adueñan de las finanzas de las personas. Veamos la palabra de Dios que nos dice al respecto:

> *"El rico se enseñorea de los pobres" y el que toma prestado es siervo del que presta" Proverbios 22:7 (RVR1960).*

Consejos para evitar que usted caiga en la trampa de ratones

1- El ser humano tiene un comportamiento parecido al de un ratoncito o (roedor) en la manera en que busca satisfacer sus necesidades de alimento y reconocimiento. al saber esto de antemano tenemos que practicar algunos buenos hábitos para que podamos levantar la autoestima y estar preparados para cuando nos muevan el queso, en otras palabras estar apercibidos para que si hay cambios en nuestro status de trabajo podamos manejarlo todo con eficacia y no caigamos en las trampas de la depresión que muchas veces nos empujan a gastar dinero para sentirnos mejor por un corto tiempo.

2- Construya su presupuesto con la participación de su cónyuge o si usted es soltera/o podrá hacer su presupuesto y consultarlo con alguna persona que conozca las reglas para hacer un presupuesto adecuado. Usted puede ver estas reglas en este libro en las páginas anteriores. Manténgase dentro de ese presupuesto y no haga ningún otro gasto que no este dentro del mismo.

3- Si tienes una tarjeta en tu poder, no la canceles. Mantenla y al menos úsala de vez en cuando haciendo un cargo pequeño que puedas pagar tan pronto llegue la factura de pagos. Este pago a tiempo te ayudara a mantener un buen puntaje de crédito.

4- Si has dejado de pagar una tarjeta de crédito por un largo periodo de tiempo te recomiendo que te comuniques con la compañía para que te hagan un arreglo de pagos.

5- Si por alguna razón no puedes pagar a tiempo también debes de comunicarte con ellos porque así muy probablemente ellos te eliminen los cargos por moras en el pago de tu tarjeta.

6- Si encuentras cargos que se han realizado y estas segura/o de que no los realizaste tu comunícaselo a la compañía de tu tarjeta con prontitud para evitar cualquier posible fraude o robo de identidad.

PORQUÉ ES IMPORTANTE MANTENER UN CRÉDITO SALUDABLE

La salud de su crédito habla de sus hábitos personales, esto no quiere decir que si tiene su crédito afectado usted tiene malos hábitos, a veces pasamos por cosas y experiencias en la vida que nos llevan a tener estas situaciones que no son nada agradables, pero lamentablemente a veces una persona puede quedar desempleada y por esta poderosa razón sus pagos y obligaciones serán muy difíciles de cumplir. En esta economía de hoy en día las personas deben tener muy claro lo siguiente:

1- Los trabajos cambian muy de prisa, ellos van y vienen.
2- La economía de su país esta atada a las condiciones de la oferta y la demanda de los productos en sus ciudades.
3- Debido a la oferta y la demanda las personas hacen que la economía se mueva de manera eficiente o no eficiente.
4- Si la economía está saludable el mercado de trabajo estará saludable y habrá ofertas de trabajo para los ciudadanos.
5- Entonces las personas podrán estar al día en sus obligaciones de crédito.
6- Si usted entiende que la economía de su país no esta saludable y que su trabajo estará en riesgo de perderse, mi consejo es que no haga gastos con sus tarjetas de crédito y suspenda entrar en cualquier tipo de transacción hasta tanto sea necesario o una urgencia.
7- Solo así de esta manera usted estará protegiéndose de entrar en obligaciones financieras que no podrá afrontar y que resultaran en fallos en los pagos o pagos sumamente tardíos. Estos pagos tardíos tanto como los fallos en los arreglos de pagos mensuales estarán manchando su record de crédito y su puntaje.

QUE ES EL FICO?

Fico significa Fair Isaac Corporation, esto es una medidas de los rangos o números que las compañías que le otorgan crédito a usted usan para medir su habilidad de repago para que usted pueda obtener crédito inmediato y futuro. De esta manera se conocerá su salud financiera.

Como se puede mejorar el puntaje del FICO y como se puede mantener en niveles óptimos?

Usted deberá seguir estas recomendaciones:

1- Manteniendo los pagos continuos del balance en sus tarjetas de crédito a final de cada mes.
2- Pagando a tiempo y evitar entrar en demoras.

Las compañías de crédito lo que desean es reducir el riesgo de cada cliente. Los rangos de crédito entre 850-720 son considerados los mejores. La manera en la cual una compañía reduce el riesgo crediticio en estos tiempos difíciles es reduciendo los límites de crédito disponibles. El rango de su puntaje de FICO no se afectara negativamente si usted permanece en un 10% o 20% de su limite de crédito remanente. Sin embargo si usted corta su limite de crédito y aumenta su libertad del crédito o sus deudas en crédito menguan usted puede aumentar su puntaje de FICO en alrededor de 50 puntos. Otra estrategia que usted debería considerar es la siguiente abrir una cuenta de crédito adicional para añadir mas límite de crédito, a largo plazo si se redujeran los limites de su crédito esto le ayudaría a aumentar su puntaje de crédito por que su margen de deuda se acorta. Y entonces su puntaje de FICO aumentara de manera dramática.

Debo aumentar mis pagos mensuales de mis tarjetas de crédito?

La respuesta es si, si usted hace ajustes y deja de hacer ciertos gastos usted podrá tener mas dinero disponible para realizar pagos de sus tarjetas de crédito. En resumen mientras mas rápido usted pueda salir de las presiones a las cuales las compañías de crédito le someten a usted, mucho más rápido será llevado al camino de la recuperación financiera.

¿Es fijo el interés de las tarjetas de crédito que tengo?

No, el interés que una compañía anuncia a sus clientes es mas bien una herramienta puramente de mercadeo. Sin embargo el congreso de los Estados Unidos en el mercado en territorio americano pasó unas leyes nuevas con las cuales se regula la manera en que las compañías pueden manipular sus tasas de interés. Esto comenzó en el mes de febrero del 2010 y funciona de esta manera:

1- Mientras usted realiza pagos a tiempo en un balance ya corriente de su tarjeta de crédito, a menos que usted pague el mínimo, su tasa de interés no será incrementada en su balance de deuda.
2- Si usted se queda rezagado y se atrasa por alrededor de 60 días en sus pagos la compañía de crédito tiene el derecho de incrementar su tasa de interés. Pero si usted se pone al corriente con los pagos y lo mantiene así por seis meses consecutivos su tasa de interés se revertirá a una tasa más baja de nuevo.

Hombres de Dios formados para enseñar las Finanzas del Reino de Dios

Queridos lectores no puedo terminar este libro sino hago un justo reconocimiento a los pilares de las finanzas del Reino de Dios. Estos hombres que mencionaré a continuación son personajes que se han levantado con poder y sabiduría de Dios para esparcir el conocimiento de los fundamentos financieros que Dios nos ha provisto a través de su palabra. Honor a quines honor merecen, y estas personas se han ganado un sitial de reconocimiento el cual es necesario comentar. Comenzaré por **Larry Burkett** quien nace en el año de 1939 y fallece en el 2003, este hombre con sabiduría del reino de Dios fue un autor de libros y una personalidad radial quien enfocó su trabajo en la consejería financiera desde un punto de vista evangélico cristiano, el tenia un grado académico en el campo de las finanzas y el mercadeo. Fundo Christian Financial Concepts el cual se fucionó con Crown Ministries creando una nueva organización llamada Crown Financial Ministries. publicó muchos libros que hoy en día se pueden encontrar en las librerías del mundo, tales como:

"Financial Parenting"
"Hope When is not Possible"
"Women Leaving the Workplace"
"Investing for the Future"
"Nothing to Fear"

El siguiente hombre de Dios se llama **Howard Dayton** el esta en el ministerio llamado Crown Financial Ministries es uno de los alumnos de Larry Burkett. Usted puede conocer su interesante visión financiera a través de las interesantes herramientas de su página Web. El gusta de compartir las historias y experiencias de las personas de la vida real en su pagina, además le enseña como empezar una planificación financiera, le demuestra como permanecer involucrado en su desarrollo financiero personal, el rol del dinero en las decisiones de la vida y el viaje para la verdadera libertad financiera en usted. También le enseña a través de materiales para su compra a cómo realizar un presupuesto, a creer en la provisión de Dios, le ofrece recursos para aquellos que tienen negocios propios, habla de carreras y educación, tiene recursos educativos para los niños, los adolescentes, matrimonios y las Iglesias.

Otro maravilloso hombre de Dios es **Ron Blue** habla de quien somos como personas e inversionistas en el reino de Dios y su provisión, los servicios, las locaciones, los recursos, las carreras las noticias del mundo que afectan las finanzas y la economía de las personas. Escribió un interesante libro titulado: "Surviving Financial Meltdown"

Y los últimos dos hombres de Dios en las finanzas anglosajonas son **Dave Ramsey** y **Brian Kluth** ambos hablan sobre la esperanza para que las personas puedan tomar control de sus vidas y su dinero, sus negocios, sus hijos, su educación y que sean parte de los agentes de cambios positivos para sus Iglesias y para la sociedad.

Apostol Carlos Jimenez Pastor y conferencista dedicado a trabajar con consejería de finanzas personales se ha distinguido por sus interesantes libros de consejería financiera personal y uno de sus libros mas vendidos se titula "Implementa tu prosperidad" nacido en Colombia ha escrito el prologo de este libro que comenze hace tres años.

Estos caballeros han inspirado en mi el deseo de llegar a un mercado latino en continuo crecimiento y con ciertas necesidades específicas que parten de solo su herencia latina. Dios ha puesto una unción especial en mi vida para transformar las herramientas de mis conocimientos financieros del mundo en unas herramientas ungidas con el poder del Espíritu Santo y la sabiduría que proviene de Dios. De esa manera estará sellado el pacto de provisión y abundancia que Dios nos ha prometido.

Bolsa de valores de países latinoamericanos

Los países latino americanos también cuentan con sus respectivos Mercados de la Bolsa de Valores. Estas son entidades financieras que operan por decreto de las secretarias de hacienda y crédito público cumpliendo con la ley del mercado de valores. Estás se derivan de las tendencias mundiales y de los cambios que se han dado en las legislaciones de los respectivos países de Latino América. Las bolsas de valores son empresas cuyas acciones son sujetas ha negociarse en el mercado de valor bursátil, llevando a cabo la oferta pública inicial de sus acciones representativas de su capital social. Como ejemplo la bolsa de valores de México tiene las siguientes acciones para ser vendidas en su mercado:

*Walmex = Walmart de México
*TV Azteca= Televisión Azteca
*Telmex= Teléfonos de México
*Sanmex=Grupo financiero Santander
*San=Banco Santander
*Kof= Coca Cola Femsa SAB. De CV.
*Kimber= Kimberly Clark e México

Si usted desea mas información detallada sobre las bolsas de valores de algunos de los países latinoamericanos usted puede ver las direcciones de la Web en los links de ayuda y búsqueda en este libro, mas adelante estaré publicando otro libro que tratará sobre los Mercados de Valores de los diferentes países Latinoamericanos.

Revision del Capítulo #8

1- Que es el crédito? ____

____.

2- ¿Cómo se usa el crédito?___________________________________

____

____.

3- ¿Es usted un adicto al crédito?______________________________

____.

4- ¿Cómo mantener un crédito saludable? _______________________

____.

Conclusión

Para concluir con este análisis es muy importante que pongamos en práctica los principios que hemos discutido, los principios del análisis del riesgo y los principios de lo que es una sana administración de las finanzas personales y las finanzas de la familia. Esto se puede conseguir si nosotros ponemos atención a los factores que afectan la economía como lo son las fuerzas de la oferta y la demanda, los principios del riesgo y el flujo de efectivo que usted tenga como individuo o como jefe de familia,. Sus planes a corto mediano y largo plazo tanto como su tolerancia a los niveles de riesgo. parece un proceso algo complejo y que podría tomarle mucho tiempo, pues quizás sea un proceso que deba tomarse con cierta cautela y sobre todo con mucha paciencia. Al aplicar estos principios en sus finanzas usted podrá obtener resultados más halagadores y se verán estos reflejados en sus finanzas y en cuán saludables estas sean. Como todo proceso el que usted se acostumbre a usar estas herramientas le tomará un tiempo razonable, usted debe de tener en cuenta que el implementar estos principios no será una garantía de los resultados pero al menos le dará una herramienta de medición de sus resultados. Le dará una oportunidad para poder reaccionar más rápido en tomar medidas correctivas y poner todas las herramientas a trabajar para su favor quizás así usted pueda visualizar mejor hacia donde se dirige su futuro financiero y el de su familia. Dios le quiere ver a usted realizado y feliz, quiere que su familia tenga todas las posibilidades de éxito financiero, quiere que sus herederos tengan cosas valiosas para heredar de usted, quiere que usted tenga una vida próspera y exitosa, quiere familias felices, unidas y conscientes de sus responsabilidades como administradores de los bienes que el Señor nos ha permitido gozar y tener. El secreto del éxito financiero está en la prudencia y en la sabiduría que usted haya ejercido a lo largo de su vida productiva. Solo de esta manera usted podrá dejar un legado de impacto en su familia, sólo de esta manera usted podrá tener resultados positivos que demuestren que usted hizo buen uso de estas estrategias, conocimientos y principios. El diario vivir en ese campo de entrenamiento que usted necesita para perfeccionar estas lecciones de vida, pero asegúrese de algo muy importante, mire siempre cuál es su posición en el Señor y lo que Dios espera de usted como administrador de esas finanzas que Dios le ha delegado, luego de usted reconocer su posición en Cristo usted estará preparado para comenzar su tarea administrativa de ser el que prospera y guarda celosamente las finanzas del Señor. Recuerde que todo lo que usted haga debe hacerlo para la gloria y para la honra de Él como su Padre Celestial. Si usted piensa que esta historia se parece a alguna que usted haya vivido es pura coincidencia, pero en estos tiempos en que nos ha tocado vivir los seres humanos nos vemos muy expuestos a ser manejados por las influencias de los mercados del mundo y de esa manera nos vemos enfrascados en situaciones en las cuales pasamos muchas situaciones difíciles como consecuencia de las decisiones que hemos estado tomando a lo largo de nuestras vidas. Debemos de ser muy prudentes y antes de tomar las decisiones financieras que nos comprometan. Es momento de saber utilizar todas estas herramientas que hemos estado compartiendo para que nuestras finanzas sean unas fortalecidas y ellas puedan estar dirigidas al éxito financiero de la familia y de los individuos. Si usted tiene la oportunidad de compartir esta información con alguien más, sería una gran aportación de su parte para ayudar a miles de personas y a miles de mujeres y familias que necesitan apoyo y que necesitan conocer esta información para su propio beneficio, sabemos que la mayor parte de la fuerza trabajadora está compuesta de mujeres y que las mismas necesitan un apoyo y un ejemplo de cómo ser buenas administradoras de los bienes financieros, pues me parece muy importante que las mujeres y los hombres se organicen y se comuniquen en sus comunidades para que se comparta esta información y para que se apoyen entre ellos en la toma de decisiones referente a sus finanzas personales y familiares. Las charlas educativas son un foro muy importante para que las mujeres y los hombres puedan llegar a lugares en donde se les quiere apoyar y se les quiere educar. Si usted Caballero o alguna mujer tiene buen uso de los medios de comunicación y se sabe expresar en público sería maravilloso que esa mujer o ese hombre pudiese ser el portavoz para llevar el mensaje de lo que en este libro se discute para que sirva de punto de partida y enseñanza a millones de hombres y mujeres puedan educarse y aprender conceptos básicos para ellos poder ser exitosos como los administradores de las finanzas familiares y personales que Dios les ha permitido que tengan. Un Hombre y una mujer bien preparados tendrán éxito en las cosas que ejercen, podrán ser vistos con buenos ojos por sus cónyuges o si están solteros, por su Padre Celestial quien estará siempre encargándole más y más activos para su administración. Recordemos las siguientes **máximas** que están en la palabra de Dios:

1- Dios es el verdadero dueño de las riquezas y de nuestro dinero. Dios es el creador y el verdadero dueño de todas las cosas, entre ellas las propiedades, el dinero, las inversiones y todas nuestras posesiones. Salmo 24:1
2- El que nosotros seamos personas fieles a Dios es algo que será recompensado. Nosotros como administradores a quienes Dios les ha confiado la mayordomía de las cosas del mundo. Mateo 25:23
3- Los planes de Dios son mayores que nuestros planes. Mateo 6:19-21
4- Dios siempre bendice a sus hijos. Salmo 145:16
5- Dios siempre da generosamente y nosotros podemos dar generosamente, más aun cuando nosotros debemos de bendecir a los ministerios y dar ofrendas muy generosas. 2 Corintios 9: 6-11
6- Debemos aceptar y creer que Dios es el centro de nuestras vidas. Filipenses 4:11-13
7- No sirvas al dinero porque eso te alejara de tu Dios. Mateo 19: 16-22
8- El amor al dinero te llevará a la destrucción. Juan 4: 2-3, 1 Timoteo 6: 9-10
9- Confía en tu Dios y no en el dinero. Hebreos 13:5

Después de repasar estas máximas de la palabra de Dios ahora podemos ponernos en perspectiva sobre cuáles son nuestras responsabilidades como administradores de los tesoros de Dios. Esto es algo muy serio que debemos de considerar con mucha cautela, debemos dedicar un tiempo a analizar nuestro nivel de conocimientos y si entendemos que no estamos tan preparados es momento de tomar la decisión de comenzar a prepararnos, de comenzar a tomar una posición de liderazgo en cuanto a poder estar adecuadamente preparados para ejercer el trabajo de administrar el dinero de la familia con éxito. Todo lo mejor que podamos hacer para beneficiar a nuestras familias será de agrado a nuestro Padre Celestial y tendremos su aprobación y Él nos pondrá en otros niveles de más abundancia y de más éxito financiero con el paso del tiempo, él nos honrará y nos llevará a lugares cada vez más altos. Nos veremos en nuestra próxima cita en nuestro próximo congreso, predicación o a través de los medios de la radio y televisión y los otros libros que estarán en proceso para la Gloria y la Honra de Dios.

Les Bendigo y declaro abundancia en sus Vidas, Amén.

Notas de referencia

(1) Manual "What the Bible Says About Money"-2nda. pág.- 2009
(2) Investments-Charles P. Jones-Wiley, 2002
(3) Investments-Charles P. Jones-Wiley, 2002
(4) Investments-Charles P. Jones-Wiley, 2002
(5) Investments-Charles P. Jones-Wiley, 2002
(6) Morningstar Inc.-S&P 500 Index Data-2010
(7)Suze Orman's, Action Plan 2010

Links de ayuda financiera

www.wandaresponde.com
www.creditcardconnection.org
www.bmveducacion.com.mx
www.merval.sba.com
www.financieropersonal.com
www.wife.org
www.panabolsa.com
www.bolsacr.com
www.bolchile.cl

Bibliografia

1. Biblia Reina Valera- Versión 1960- Grupo Nelson
2. Your Money or Your Life-Joe Dominguez-Penguin Group USA.-2008
3. The Family CFO-Deborah Fowles-Wiley-2005
4. Unnoficial Guide to Managing your Personal Finances-Stacie Zoe Berg-1999
5. The Motley Fool You Have More Than You Think- David & Tom Gardner-1999
6. The Millionaire Next Door-Thomas J.Stanley/William D. Danko-Packet Books-2000
7. Complete Idiots Guide to Managing your Money-Robert K.Heady-Alpha Books-2005
8. Courage to be Rich-Suze Ormen-Bantam publishers- 1999
9. Couples and Money-Victoria F.Collins-Gabriel Pubns-1998
10. Average Family's guide to Financial Freedom-Bill Toohey-John Wiley-2001
11. Women Men and Money-William Francis Devine ,Jr.-Harmony Books-1998
12. Think & Growth Rich-Napoleon Hill-Presidio Press-1980
13. La vida libre de deudas-Larry Burkett-Editorial Unilit-1995
14. The Total Money Makeover- Dave Ramsey-Nelson Books-2003
15. Padre Rico Hijo Rico-Marco Rico-Vida Impresores-2004
16. The Soros Lectures-George Soros-Public Affairs-2010
17. Irrational Exuberance-Paul Krugman-Broadway Books-2005
18. Comeback America-David M.Walker-Ramdon House-2009
19. The Definitive Guide to Business Finances-Richard Stutely-Prentice Hall-2003
20. Payback Time-Phil Town-Crown Business-2010

21. What Every Fidelity Investor needs to know-James Lowell-Wiley-2007
22. Investing from Scratch-James Lowell-Penguin Books-2007
23. The Ultímate Dividend-Josh Peters-Wiley-2008
24. Bonds-Hildy Richelson-Bloomberg-2007
25. A Bull in China-Jim Rogers-Random House-2008
26. The 100 Best Stocks-Peter Sander-Avon Publishers-2009
27. The Little Book of Bull Moves-Peter D. Schiff-Wiley-2008
28. The Five Lessons a Millionaire Taught me for Womens-Richard Paul Evans-Fireside-2009

Acerca del autor

La Dra.Wanda nace en Puerto Rico en un hogar muy solido en amor y educación. Tiene dos hermanos menores Lisandra y Robertito y sus padres Ana Luisa y Roberto muy especiales y amorosos.

La Dra.Wanda esta casada con el Pastor Jorge Gonzalez quien Pastorea la Iglesia "Vida en Cristo" en Lewisville Texas. La Dra.Martinez Estudia sus grados de escuela elemental en el Colegio San Jose de Lares, Puerto Rico y su Escuela Superior en la Domingo Aponte Collazo. Luego hace su Bachillerato en la Universidad de Puerto Rico en el Recinto Universitario de Mayaguez de donde se gradua con un Bachillerato en Artes (BA) con una especialidad en Ciencias Politicas. Luego la Dra.Martinez hace su Maestría en Gerencia (MS) y otra Maestría en Administración de empresas de la Escuela Graduada de Negocios de la Universidad de Miami en Florida (MBA). Wanda tiene un llamado de Conferencista Evangelista y Maestra y por bendición de Dios pudo hacer su Doctorado en Ministerios y teología.

La Dra.Martinez tiene mas de 21 años de convertida al Cristianismo desde muy jovencita en Puerto Rico.

La Doctora Wanda tiene 17 anos de experiencia en Finanzas, Inversiones y Manejos del Riesgo y Seguros. Se destaco como Mujer de Negocios en el campo del manejo de Inversiones, carteras de Fondos mutuos y Anualidades como vehículos de inversión. Fue nombrada 2nda. Vice presidenta de un Banco dedicado a las Inversiones en Puerto Rico en donde fue pionera y muy destacada. También fue Gerente de Ventas en la primera institución mas grande se seguros de Salud y Vida en Puerto Rico en donde desarrollo mas aun sus habilidades de Gerencia de negocios.

La Dra.Martinez también fue profesora Universitaria en dos universidades en Puerto Rico en donde enseno en el Departamento de administración de empresas desde 1994-2006.

La Dra.Wanda se esta dando a conocer como conferencista y evangelista y se le ha profetizado que llegara a las naciones y los gobiernos del mundo con su legado y profundidad en las finanzas de Dios.

La Firma de publicadores Sembrador Press en alianza con Unilit estará publicando su 1er. Libro de Mayordomia de las Finanzas para el mes de Agosto de 2011. Sea a Dios dada la gloria por todo lo que hace la Dra.Martinez para ayudar a expandir el Reino de Dios en la tierra con excelencia para la Gloria de Dios.

Actualmente la Dra.Martinez esta conduciendo un programa de Television en Varias ciudades de Texas , a través del canal "Vida Vision" en el mismo ella educa al pueblo con las "Capsulas de Sabiduria financiera".

Para Contrataciones de sus Charlas, Predicas y Congresos favor de comunicarse al teléfono 214-840-9176 y 214-440-7465 o al correo electrónico: realgoldcrownminstries@yahoo.com

Su pagina web es: www.wandaresponde.com